U0022141

思法苑
THINK LAW

修訂二版

租

從挑屋、簽約到和平分手
房東與房客都要懂的租屋金律

事順利

蔡志雄／著

三民書局

租賃住宅是房地產人生的起點　應建立良好權益義務觀

　　政府在 106 年立法將租賃住宅服務納入法律保護範圍，並組織成立租賃住宅服務的各縣市公會及全聯會，積極擴大管理服務，透過租賃管理人員的從中服務，有效降低糾紛，提升房東與房客之間的信任與和諧關係，租賃住宅在政策的引導下，逐步走上計畫中的軌道。

　　蔡律師是房地產業中十分難得的律師，長期關注房地產的發展及糾紛，是業內最為專業的律師，蔡律師本身是房東，但是這本書卻能從房客的角度出發，是一本房客專用的工具書，竭誠告知房客在租賃前、中、後，甚至交還房屋時應該注意的事項，其公正客觀的態度令人佩服。

　　以蔡律師多年的專業經驗，將這些實務內容深入淺出地娓娓道來，相信只要房客人手一本，租屋過程必能掌握與房東之間的相互權利義務，完成一個愉快的租屋過程。

　　租屋是大多數人必經的人生階段，留下一個良好的經驗，非常重要，這攸關年輕租屋族對於房地產的初始印象。找一間好房子、找一位好房東，自己也當一名好房客，由此建立一個健康的心態，與房地產連結的美麗人生，才能就此開展。

新北市租賃住宅服務公會

理事長　朱大川

法律保障懂法律的人　租賃雙方不可不知法

　　在房地產價格高漲的都會區，對於受薪階級的承租人而言，高額的租金支出，確實是沈重的負擔，另一方的出租人，房屋出租後，因收不到租金、房子被破壞等事，而求償無門，也是一件麻煩事，因此互相慎選對象，簽訂一份公平公正的租賃契約書，就成為租賃雙方當事人非常重要的法律事情。

　　坊間預先印製的租賃契約廣被使用，其實有些租賃的個案，並不適合利用制式的租賃契約書訂立，而當事人在租賃糾紛發生後，始知有些重要事項因未於書面明文約定，而須走上法庭以訴訟解決，確實是一件耗時耗費的事情，所以雙方事前充分洽商、審慎訂約，自屬必要。

　　蔡志雄大律師長期鑽研債法、物權法，承辦為數甚多的不動產法律案件，累積豐富的個案訂約、法律意見提供及訴訟經驗，是學驗俱佳的律師。尤其，蔡志雄大律師長期投入不動產市場的研究，掌握不動產行情的變動，精通房地的經濟與法律問題，這是在一般律師身上不容易看到的事。

　　蔡志雄大律師利用這本書告訴讀者，在租屋前要做足功課，如何挑選物件及好房東、預防租屋詐騙、避免租到凶宅，在訂約時有哪些注意事項、公證租約的效力、租屋族的報稅優惠，訂約後如何履行契約、房東的修繕義務，在租約到期後如何點交、處理遺留物等，深入淺出的分析、論法，內容精彩，

是一本非常實用的好書。蔡志雄大律師現擔任本會監事，平日熱心會務、勇於建言，本人爰極力推薦本書，並樂為序文。

中華民國律師公會全國聯合會

理事長　林瑞成

【推薦序】

導正租賃住宅市場亂象　朝向專業化住宅政策邁進

認識蔡志雄律師的人都知道他是「包租公」，長期在電視談話性節目中，針對不動產議題討論時都會邀請他，與談的深度不亞於資深房仲業者，這點足以證明「他」是真正有在市場中的人，有實務、有經驗、有專業、又有法律背景、理解性很強的一位市場操作者。

租賃住宅市場雖然是一個很久的行業，但因為與其他不動產業的買賣、服務與傭收的同工不同酬的差異因素，造成許多人不去正面關注它，而衍伸出許許多多的租屋亂象與糾紛，迫使政府需要正視與導正，並去規範它。又經內政部數據統計，臺灣慢慢接近高齡化、少子化的社會，屋主年齡越高、管理能力下降，勢必會造成更多的糾紛。所以，政府於 107 年 6 月 27 日正式施行「租賃住宅市場發展及管理條例」，簡稱「租賃專法」，希望將租賃住宅市場的亂象導正，並朝「專業化」、「產業化」、「法制化」的住宅政策方向前進。

蔡志雄律師此書的內容，從房東、房客的角度來解析，從出租、帶看、媒合的細節，到房客看屋、簽約、到點退屋等狀況一一提點說明，也從投資理財的角度，告知房客如何從收入來規劃可支付之房租，更以一個法律人的角度告知，簽訂租約該注意的事項，及實務上遇到的狀況分析說明。所以，不管是新、舊房東、房客、甚至於已從事租賃業者都受益無窮。

4

相信此書的出版問世，可幫助許多人做為出租、租屋、投資的依據參考。

中華民國租賃住宅服務商業同業公會全國聯合會

理事長　郭倍廷

包租公律師——房屋租賃專業律師

還記得認識志雄是在一次租屋經驗分享的場合認識他，當時我坐在下面聆聽，從他的分享中能感受到無比的親切感，有別於一般律師給人們的印象是嚴肅的，真的讓我很驚訝！

107 年 6 月 27 日「租賃住宅市場發展及管理條例」簡稱租賃專法，正式實施上路，本業是特許行業必須申請許可、繳交營業保證金、加入租賃住宅服務商業同業公會，及最重要的從業人員都要有（租賃住宅管理人員）證照才可執業，考試對於志雄當然是難不倒他，順利取得證照。

他是位執業多年且具有豐富經驗的專業律師，看到他對於租賃住宅服務業的熱忱，更集資成立了「RED612 揪安心租賃管理公司」，讓我感受到剛實施的租賃住宅服務業產業會越來越好。

租賃住宅服務業屬於特許行業「人必歸業，業必歸會」，臺北市租賃住宅服務商業同業公會於 107 年 11 月 1 日成立，特別邀請志雄參與首屆的理監事選舉，果然不負眾望當選臺北市租賃住宅服務商業同業公會理事一職，並擔任本會法規會主任委員，有包租公律師專業的經驗協助，相信一定會讓剛要投入的業者有更多方向。

這本《租事順利：從挑屋、簽約到和平分手，房東與房客都要懂的租屋金律》新書，將他多年實際碰到的經驗分享及房

東房客的權利義務，一次全部告訴你，減少一些租屋所產生的
糾紛，也希望各位讀者能夠從這本新書上得到你所想知道的租
屋大小事。

臺北市租賃住宅服務商業同業公會

理事長　陳柏勳

包租公律師──實在誠懇的專業好律師

接到好朋友志雄大律師的電話，他希望我能為他最新的一本租賃專書寫個推薦序。在為他的新書出版感到高興之際，心想自己何德何能，哪有這個資格幫這麼專業的律師作家寫推薦序呢？然而好朋友的請託，自然要全力相挺才是。所以，不揣簡陋，希望這個小序文，能夠使更多人認識我們志雄大律師的各項優點。

是的，他是位越來越接近「著作等身」的專業作家。是的，他是位執業多年且具有豐富經驗的專業律師。是的，他是位在理財知識及技巧上有著獨到見解的專業理財家。是的，他更是位疼惜老婆的好老公、愛護子女的好爸爸。

然而我最早認識他，卻是因為他的誠懇及實在。

數年前，我和志雄因緣際會地都在律師全聯會內服務，因為當時都與一個著名的負面社會人物有著對立關係，我和志雄開始有了聊天的共同話題。聊著聊著，或許有著類似的法律背景，我發覺雖然是電視上的明星包租公律師，但他不會因為在媒體上常常露臉而有著自負的習氣，反而在他身上顯露出一股強烈的服務熱誠，以及誠懇待人的心；在認識他以後，我看到他實實在在、按部就班做事的好習慣。這樣的人，是令我十分折服的。隨著這幾年彼此不斷的認識交流，我更看到他在工作上、公會服務上，乃至於家庭經營上，都有很多的優點及撇步，

真是值得我們好好學習的「新好男人」。

除了民事法及不動產法規的介紹專書外，對於國家考試的準備技巧，以及不動產租賃的專業論述，是他這幾年來被譽為包租公律師的當然結果，更是他嘔心瀝血的精華之作。在律師執業工作繁忙之際，他還能兼顧著專書的持續撰寫，以及他自己經營的不動產投資與租賃，更集資成立了「RED612 揪安心租賃管理公司」，具體實現他對於「包租管理」的夢想與期待。在為他感到高興之餘，也由衷的佩服他。這位誠懇實在的專業好律師，真是我們律師界最佳的楷模典範。

這本《租事順利：從挑屋、簽約到和平分手，房東與房客都要懂的租屋金律》新書，顯然又是志雄基於他一貫的律師專業及 RED612 公司的租賃管理經驗，所寫下兼顧房東及房客二個面向的重要心得，相信很快就會在新書排行榜上勇奪佳績。祝福好友志雄的新書問世順利成功，也希望各位讀者能夠從這本新書上吸取到許多寶貴的租賃知識，藉以避免未來更多的租賃紛爭。志雄，加油！

桃園律師公會

理事長　關維忠　律師　敬序

二版序

　　很快，租賃專法實施二年半，我寫的《租事順利》出版也快一年了。這一年來，租賃相關的契約包括「住宅租賃定型化契約應記載及不得記載事項」以及「住宅租賃契約應約定及不得約定事項」多所修正，因此，本書也因應改版。

　　樂見租賃相關法制在臺灣越來越成熟進步，也期待本書能夠幫助讀者更加了解租賃實務及法規，保護自己的權利。

蔡志雄

2020.12.3 於泰順街

我願我是房東與房客間的那道橋

這幾年以「包租公律師」的身分上媒體分享許多租賃方面的心得跟經驗，許多人對我的印象是我當房東，其實一開始，我也當了好多年的房客。

因為老家在北海岸的金山，沒錯！就是老街廟口有賣鴨肉的那個金山，念到國中畢業就沒有學校可念了，於是便跑來臺北參加高中聯招，考上了北投的中正高中。北投跟金山看起來其實沒有很遠，但中間隔了一座陽明山，通勤的時間太長了，所以只好在高中附近租屋居住，為了節省租金，我住的是頂樓加蓋一個月只要三千元的鐵皮屋。

因為立志當律師，考上了政大法律，想說這下妥當了，可以住大學的宿舍，誰知道床位不足，必須用抽籤的，而且還是中南部優先，金山在北部，所以連抽籤都沒有我就被淘汰了，只好又在學校附近的新光路上租房子住，這樣又過了四年。連同高中三年加起來，有七年的時間是在外面租房子，論資歷我應該也算是房客裡的老鳥了。

至於後來當房東也是很神奇的經驗，因為初出社會，想要買房子偏偏房價又很高，臺北市實在太貴了，所以鎖定當時的臺北縣，而且想標法拍屋再節省一筆錢。找了好久終於在板橋找到一間法拍屋，誰知道投標的結果差了人家六萬沒標到，後來透過房仲在板橋買了人生第一間房子。因為房子沒有車位，

所以我請這位房仲幫我注意附近有沒有車位要賣，過了二年房仲告訴我有一個套房附車位要賣，當房仲帶我去看時，我發現居然就在當年我沒標到的那一個社區裡。

說實在的，我連房子都還沒看心裡大概有七成的念頭想買了，畢竟二年前錯過了現在好像又回來了，看了房子果然還不錯，一切都是緣分吧！於是我問房仲，車位我停，那套房呢？房仲說，你可以租出去，於是我開始了當房東的生涯，到現在已經十六年，除了我自己的物件，後來我還成立了一家 RED 612 揪安心公寓，透過包租代管，創造更多出租的物件。

我的老本行是律師，本來就熟悉租賃法規，再加上我有七年房客跟十六年房東的豐富經驗，深深知道租屋的重點跟問題所在，希望透過本書，當一座房東跟房客之間的橋樑，消弭房東房客間的糾紛，讓租事順利。

要特別謝謝本書的推薦人中華民國律師公會全國聯合會林瑞成理事長，會務有關不動產領域，只要理事長交代志雄一定全力以赴；謝謝中華民國租賃住宅服務商業同業公會全國聯合會鄭俊杰理事長，志雄欽佩理事長擔任首屆理事長，從無到有開創新局締造租屋界歷史；謝謝中華民國律師公會全國聯合會宋金比副理事長，於公於私都給志雄無限照顧跟溫暖，始終難忘阿裕牛肉的味道；謝謝基隆律師公會游開雄理事長，讓我們一起挺過律師界的大變革；謝謝桃園律師公會關維忠理事長，

記得互訪，我們會一直是一起走下去的好兄弟；謝謝臺北市租賃住宅服務商業同業公會陳柏勳理事長，從租賃專法都還沒立法前就一路給志雄機會；謝謝新北市租賃住宅服務商業同業公會朱大川理事長，公會跟我事務所在同一棟是鄰居這真是很大的緣分；謝謝桃園市租賃住宅服務商業同業公會劉貞君理事長，本來我想當租屋界男神，但志雄只能說輸給您的英俊瀟灑跟風度翩翩我心甘情願。

最後要謝謝三民書局跟辛苦的編輯，我讀法律用的第一本六法全書就是三民書局出版的，能在三民書局出版這本書，對我而言意義重大，謝謝大家。

蔡志雄

>>>>>> CONTENT

>>>>> CONTENT

第 ❹ 章

>>>>>> CONTENT

第 **1** 章

租屋前的考量，租屋前停看聽

1 何時租屋好？何時買屋好？

食衣住行育樂是每個人基本的生活需求，所以一定需要一個地方住，就像每天要吃飯，也一定要有個地方睡覺，這樣一個地方就稱為「家」。

「家」可以用買的，也可以用租的。為什麼越來越多人選擇租房子？當然每個人都有不同的考量，但其中最重要的原因應該是房價太貴了，很多人一想到那麼貴的房價，下一個念頭就是，「我怎麼可能買得起？那就租吧！」

說真的，不管任何時刻，都有貴森森的房子，比如說像大安區的豪宅就是，在房價下跌的時候依然不便宜，所以如果老是抱著房子很貴的想法，那真的一輩子都不會買房子了。但是千萬別忘記了，每個區域的房價差別很大，難道大安區很貴就沒有別的地方可以買嗎？

我記得我自己年輕的時候想要買房子，那時候臺北市的房價對我而言也太貴，於是我就將區域鎖定在臺北縣，也就是後來升格的新北市，當時在板橋還可以很輕易找到 1 坪十幾萬元的房子。

我從來也不敢想第一間房子就要買在臺北市，尤其是像大安、中正、信義區那些蛋黃區，但又不是只有蛋黃區才有房子，周邊還是有許多充滿發展性，房價又實惠的區域可以選擇。

結果將近二十年的時間過去，板橋房價幾乎漲了三倍，生活機能各方面也發展得很好，繼續在板橋生活是不錯的選擇，如果想把板橋的房子賣掉移居臺北市當然也可以，畢竟板橋的房價已經不可同日而語了。

跟當初還沒買房子相比，現在可以用換屋的方式，顯然拉近了很多入住臺北市蛋黃區的距離。

▲用換屋拉近與夢想好房的距離

直到現在重新再來看房價貴不貴的問題還是一樣，沒錯，臺北市的房價依然很貴，連周邊新北市比較熱鬧的區域像是永和、新店、板橋、三重、新莊的房價現在也都很昂貴了，所以越晚買房，只會越買越遠。但每個地方再怎麼貴還是有區別，臺北市有 1 坪 2、300 萬的房價，但是新北市再怎麼貴，也很難突破 100 萬的門檻，中南部那就更不用說了。

因此，可以很清楚的看出來，談房價不能一概而論，畢竟各地的房價差別很大。

如果沿著中山高開車 20 分鐘來到基隆，便可以很輕易找到 1 坪十幾萬的房子，你說臺北市 1 坪 2、300 萬的房價很貴，我想沒有人會反對，但說 1 坪十幾萬的房子很貴，這就不太對了吧！

所以，因為房價太貴就選擇租屋，這樣的思考是大有問題的，我們買不起貴的地方，可以選擇買當時比較便宜的地方。

　　那麼，難道臺北市買不起，就通通到基隆買嗎？這也不對，除非願意遷就每天來回一個多小時通勤，以時間換取便宜的房價空間，但也不是人人都願意這樣做。通常住的地方會在距離工作近一點的區域做選擇，在臺北市上班的人，大部分會選擇居住在臺北市或者新北市，至於在基隆工作的人，當然就可以選擇住在基隆市。房價跟區域，都是必須考慮的問題。

　　所以如果有購屋的念頭，千萬不能一下子就被什麼房價太高給澆熄了熱情，貴森森的房子一開始入手太困難了沒有關係，可以挑選具備未來性，距離工作地點不會太遠又相對比較便宜的區域，買房子不要妄想一步登天，而是要「先求有再求好」，運用換屋就可以把房子越換越好。

▲買屋？租屋？時機與判斷標準？

　　那麼，既然打算要買房子，究竟什麼時候租屋好？什麼時候買屋好呢？

　　其實，這有一定的標準可以參考。

　　簡單說，就是看租金夠不夠付房貸本息，租金夠付房貸本息的話，選擇買屋，如果租金不夠付房貸本息，可以選擇租屋。

　　但是因為每個人工作選擇的地點不同，面臨的房價也不同，所以要先確定自己選擇居住的區域，然後比較當地房價跟租金的水平，才能決定究竟是租屋好，還是買屋好。

　　買房跟租屋最大的區別，就是買房需要準備大約二至三成

的頭期款，租屋只需要準備二個月的押金，之後的區別便是買房要付房貸，而租屋則要付租金。

如果租金不夠付房貸，那不用說，當然是租屋比較划算。但假如租金夠付房貸，選擇拿來付租金，二十年後房子還是房東的，如果願意先存個二到三成的頭期款，然後把錢拿來付房貸，那麼，二十年後房子便是自己的。

別小看房子是誰的名字這件事，房子代表所有權，一來一回，那差異的可是一整間房子的價格，扣掉買房支出的頭期款，等於租屋跟買屋就差了將近八成的房價。

而且，還不光是原始相對便宜的房價，通常在二十年間房價還有大漲一波的機會，到頭來房子究竟是屬於自己的還是房東的，那差別可就大了。

你可以算一下，假設房東出三成的頭期款，七成房貸，出租十年之後，等於房客付了十年的房貸，也就是一半，等於房價的三成五，這時候歷屆房客加總付的錢，已經比房東付的頭期款還更多了，結果房客還是要付租金給房東，划算嗎？

所以當租金夠付房貸，應該要買房，租金不夠付房貸，才是選擇租屋。

▲租金投報率與貸款利率

當然，租金夠不夠付房貸，跟租金的投報率以及貸款的利率都大有關係。

　　我們舉個例子來說明，如果以租金投報率 2% 來算，1,200 萬的房子出租，每年可以收租金 24 萬，故每月可以收租金 2 萬元。頭期款準備二至三成，假設準備 400 萬頭期款，等於貸款 800 萬元。這邊有個簡單的公式很好算，如果以利率 2% 來計算，每貸 100 萬每月要清償 5,000 元房貸本息，所以貸款 800 萬每月要清償之房貸本息約為 4 萬元。

　　同一間房子，用租的只要月付 2 萬元就能入住，換成用買的，不但每個月繳納的房貸本息變成二倍 4 萬元不說，還要先準備 400 萬頭期款，這時候當然用租的比較划算。

　　但如果租金投報率有 4%，1,200 萬的房子出租，每年可以收租金 48 萬，故每月可以收租金 4 萬元。頭期款準備二至三成，假設準備 400 萬頭期款，等於貸款 800 萬元，以利率 2% 來計算，每月要清償之房貸本息約為 4 萬元，注意到了沒，這時候付租金跟付房貸的金額幾乎是相當的。

　　在這樣的條件之下，有一個勤勞節省的人先存了 400 萬的頭期款，買了一間 1,200 萬的房子，然後租給了一個房客，這位房客每個月付給房東 4 萬元的租金，剛好讓房東拿去繳每個月的房貸本息，二十年過去房貸繳清了，房子是房東的。

　　算一算，房東不過出了 400 萬的頭期款，而 800 萬的房貸本息通通是歷代一個又一個房客出的，出了三分之一的房東拿到全部的產權，付了三分之二的房客卻什麼都沒有。

　　有一句話是這樣說的，「只在乎曾經擁有，不在乎天長地久」，如果拿來詮釋房東跟房客的關係，房客就是曾經擁有，而房東得到了天長地久。這時候當然要選擇天長地久，也就是買房比租屋划算。

　　那假如租金投報率有 6% 呢？這位勤勞的人先存了 400 萬的頭期款，買了一間 1,200 萬的房子，然後租給了一個房客，這位房客每個月付給房東 6 萬元的租金，房東拿 4 萬元去繳清每個月的房貸本息，每個月還多出 2 萬元的零用錢，二十年過去了，房子還是房東的。只出了三分之一的房東每個月不但有 2 萬元零用錢，還拿到全部的產權，付了三分之二的房客卻什麼都沒有，而且每月租金還比繳房貸貴 2 萬，這時候買房當然比租屋划算太多了。

　　你說怎麼可能有人付比每月房貸高的錢去租房子，當然有啊！

　　以現階段臺灣來看，雙北市的租金投報率約 2%，桃園約 3%，到了臺中、臺南、高雄就可以找到 5、6% 左右的物件，至於房貸，應該都可以爭取到低於 2% 的利率，所以如果用縣市來區別，在雙北市、桃園租屋都算是聰明的，但是到了臺中、臺南、高雄，極有可能不但幫房東繳了全部的房貸本息，而且還每個月給房東零用錢，與其如此，為什麼不拿租金來繳房貸，擁有屬於自己的房子呢？

　　所以我們可以得出簡單的結論，當租金投報率高於 4%，也就是租金夠付房貸本息的話，要選擇買屋，當租金投報率低於 4%，也就是租金不夠付房貸本息的話，租屋才比較划算。

　　當然，要特別強調，租金投報率 4% 的這個標準是以當時貸款利率約 2% 來作為計算的基準，如果貸款利率有變動，那麼，租金投報率也要做出相應的調整。

　　所以租屋好還是買屋好，就算在同一個時間點，因為區域不同也會有不同的選擇。

　　除了少數含著金湯匙或咬鑽石出生的人之外，沒人天生註定是房東，也沒有人一輩子注定要當房客，光只是抱怨房價太貴那一點用處也沒有，而是要依自己選擇的所在區域，看當地的租金投報率來決定究竟要租屋好還是買屋好。假設租金夠付房貸本息，甚至繳完房貸還有剩，那再怎麼咬牙苦撐，也要湊足一筆頭期款來當有殼一族！

　　當然，以現階段租屋族主要集中的雙北市區域來說，租金投報率約只有 2% 左右，租金根本不夠付房貸本息，而且這樣的情況看起來還會持續一段不算短的時間，租屋的確會是一個比較好的選擇。但是租屋也不是隨便租就好，關於租屋的很多技巧跟重點，就是本書接下來的重點了。

2 如何從薪水算出每月租金上限？

關於購屋，通常有貸款本息不要超過每月薪資三分之一的說法，但如果是租房子，租金應該占薪資多少比例就很少討論了。

如同前面說的，租屋好還是買屋好，應該是以租金夠不夠付房貸本息為標準，換言之，一輩子究竟選擇租屋還是買屋應該是浮動的，當租金不夠付房貸本息時選擇租屋，一旦租金夠付房貸本息的時候，就可以買一間屬於自己的房子，結束到處租屋漂泊的生涯。

想要結束漂泊也不是那麼簡單，畢竟買屋時要付一筆金額不小的頭期款，這一定要靠平常的儲蓄了。

那租金究竟占薪水多少比例恰當呢？除了考慮不能造成財務負擔外，還要有額外儲蓄頭期款的能力，才能事先做好購屋的準備，這樣一旦租金夠付房貸本息時，頭期款已經先存好了，再將付租金轉為繳房貸，購屋自然可以很順利。

如果平常沒有存下頭期款，那麼算一算當租金夠付房貸本息時才要回頭開始存頭期款，買屋不知又要等到何年何月，而且，也許等到存好頭期款時，又遇上房價大幅上漲，租金又不夠付房貸本息了！只好一切又要從頭來過，像這樣子買房子就會跟倉鼠跑滾輪一樣，永遠繞啊繞沒有盡頭。所以，一邊租屋

一定要記得一邊存頭期款，把全部的錢通通拿去租屋，是非常可惜的事情。

　　既然租金不能造成財務負擔，平時還要做好購屋準備，才能額外擠出錢來儲蓄頭期款，所以租金占每月收入的比例至少要跟買房一樣，不能超過三分之一，如果能控制在四分之一最好。這樣一來，四分之一繳租金，四分之一拿來存頭期款，至少還剩下二分之一的薪資可以當作日常的花用。

　　「哇！那假如薪水只有 22K，四分之一不過才 5,500 元，能租到房子嗎？」

　　爭論這樣的問題沒什麼意義，不如直接上租屋網站 591 查詢租屋真實狀況便可知曉。

　　關於房地產的議題，最怕就是用抽象的理論在那邊討論來討論去，你認為租得到我認為租不到吵個沒完，上網查詢看看實際結果不就得了。

圖 1-1　5,000 元以下雅房

實際查詢的結果，5,000 元可以租到士林區文林路 4 坪的雅房，文山區萬寧街 3 坪的分租一房，甚至還能租到大安區敦化南路 5 坪的雅房，如果 5,000 元在臺北市都租得到，那全臺灣應該都可以租得到了。

實際看市場這點很重要，不光是在租屋，連買賣也一樣，很多人以為房價很貴，其實在臺北市連 500 萬以內的房子都有，查一查會很驚訝地發現高達好幾百間，甚至於當中還有物件有三千多人瀏覽，這代表了什麼意義呢？

當很多人正在嘴砲房價高的同時，有很多認真的人正在偷偷的做功課找房子，而且這樣的人數至少超過三千，還真不少呢！

圖 1-2　500 萬售價的房子

結果就是認真的人買到了便宜實惠的房子（我是舉例，未必是這一間），卻還是有很多只喜歡嘴砲不喜歡做功課的人在那邊嫌房價貴，所謂的房價貴根本只存在這些人的腦海裡，跟市場裡的真實現況完全不一樣啊！

當然我不是說房價不貴，只是強調市場上只要願意認真找，還是有便宜的物件可以挑可以選，但畢竟買賣房屋不是這本書的主軸，所以我們還是回到租賃來，根據市場上的真實狀況，5,000 元的確可以在市場上租到房子。

既然連 5,000 元都租得到房子，那麼，想把租金控制在月薪四分之一確實是可以做到的。

當然，5,000 元租到的房子會很好嗎？通常不會，要不是特別小就是特別遠。這樣住起來不會不舒服嗎？嗯，可能會不舒服，因為要容忍小空間或比較久的通勤時間。

那為什麼要讓自己住的不舒服呢？

這個理由很重要，「因為要讓自己可以存下一筆錢，擁有置產的能力」。

就像前面說的，很多人不看市場實際狀況，腦海裡自以為房價很高買不起，所以已經放棄買房子的打算，而且是一輩子從此放棄買房了，既然如此，那就不用存頭期款。於是把薪水裡除了日常的花費以外的錢通通拿去租房子，有時候甚至租金高達月薪二分之一以上。沒錯啦，這樣是可以讓自己住得舒服

一點，但事實上是讓自己跟買房的目標距離越來越遠，而且恐怕只是「暫時」舒服而已。

為什麼說是「暫時」讓自己住得舒服一點，租屋可以一輩子都很舒服啊！

是這樣嗎？看過媒體關於中年大叔租不到房子的新聞就知道。

房東問大叔：「結婚了沒？」

大叔說：「還沒！」

房東又問：「那有女朋友嗎？」

大叔回答：「也沒有耶！」

房東心想，哇塞，年紀這麼大了沒結婚也沒女朋友，怪怪的，而且連個對象也沒有，哪天要是在房間想不開，房子不成了凶宅了！

所以只能給大叔一個無情的答案：「不租！」

當然，未必每一件租屋房東都會如此冷酷無情，但不能否認的是，租與不租決定權是在房東的身上，房東不租，房客也莫可奈何。

還有，房子畢竟是租來的不是自己的，連釘個鐵釘或掛勾都要經過房東同意，也看過不少案例，就是房東故意以各種理由，像是牆壁油漆變髒等等理由苛扣房客押金，更多的是很多養毛小孩的房客找不到房子。所以，租房子很難像買自己的房

子一樣，住得自由自在。

因此，租屋可以一陣子，這個一陣子也許很長很久，但不能是一輩子，當租金夠付房貸本息而自己又有能力時，就應該買下屬於自己的房子。

所以為什麼要忍受住 5,000 元的房子，那是為了將來擁有置產的能力。坦白講，這個世界是辛苦的，只有少數含著金湯匙出身的人輕鬆一句：「喜歡嗎？爸爸買給你」就能搞定，但你我都不是這樣幸運的一群人，就看你是選擇先苦現在，還是苦未來囉！

而且倒也不必把租金控制在月薪四分之一這件事看得那麼辛苦，5,000 元月租那是只用單身一個人的標準來看，而且還是用最低月薪 22K 推算出來的，如果月薪高一點，或者是夫妻、情侶兩個人共住，月薪加在一起，那租屋預算至少就有10,000 元以上，租屋的選擇就會變多，也會住得更舒服。

③ 租金一定很貴嗎？

既然租金預算不高，又想要住得有品質一點，那麼，最好的方法就是用距離來換便宜一點的租金。

想要住得離公司近，又要住在捷運邊，那樣的房子租金一定很貴。而捷運宅租金之所以比較貴，除了因為地段好房價比較高之外，更重要的是交通便利，因為搭乘捷運上下班很方

便，大家都想租，租金當然比較貴。但是如果預算不足，住不起捷運旁邊的房子也沒關係，找交通同樣方便可是租金更便宜的地方來租也可以。

▲軌道宅、鐵道宅與捷巴宅

因為捷運有軌道，所以捷運旁邊的房子又叫做軌道宅，沿著軌道而居已經變成現代都會人最方便的交通選項。但其實方便也等於一個字，那就是「貴」，住捷運旁邊就是貴，這時候可以選擇退而求其次，軌道宅又不是只有捷運，鐵路也是軌道，差別只是班次沒有那麼頻繁，搭乘要看交通時刻表而已。

重點是鐵道宅相較於捷運宅，租金就會便宜許多。

例如從臺北車站搭捷運到南港，要花 18 分鐘，票價 30 元，換成從臺北車站搭臺鐵到汐止，搭區間電車同樣只花 18 分鐘，票價更便宜只要 22 元。所以如果一樣以臺北車站為中心點，一樣的車程時間，在南港租房子通常會比較貴，在汐止租房子租金就會相對比較便宜。

那麼，搭臺鐵真的會比較不方便嗎？常常搭臺鐵的朋友一定清楚自己搭乘時段的前後班次，這一班錯過了，下一班什麼時候會來，時刻表早就記在心裡了，雖然相較於班次頻繁的捷運，的確是要多花一些候車時間，可是這樣做真的可以省下不少租金，何樂而不為呢？

比如說有兩位朋友約在臺北車站二樓微風廣場吃飯，飯局

結束了，其中一位租屋在南港，另一位租屋在汐止，租南港的朋友可以搭捷運 18 分鐘到家，同樣的租汐止的朋友稍微等一下火車，上了火車以後也是 18 分鐘到家，會有多不方便嗎？

另外也可以比較一下，這位租在南港的朋友，如果是搭捷運，總共要花 18 分鐘，票價 30 元到家，如果在臺北車站改成搭臺鐵，上了火車的車程縮短為 10 分鐘就到南港，而且票價只要 15 元，如果不算候車的時間，火車跑得比捷運更快，而且票價更便宜，所以鐵道宅真的有那麼差嗎？好像也不會。

另外，通常捷運宅是單程走路 10 分鐘以內可以抵達的房子，這樣就能維持不錯的租金行情，10 分鐘已經是極限了，換言之，離捷運站單程走路超過 10 分鐘以上的房子，租金就會開始降低，而且有明顯的落差。所以如果租屋有預算上的考量，可以找離捷運站走路 10 分鐘以外的區域，天天多走一點路，租金更便宜又有益健康。

不想走路的話，那就選擇轉乘的概念輕鬆抵達。

首先，可以考慮利用公車轉乘，在捷運站再轉搭公車，二、三站的距離不至於太遠，也不會花太多通勤時間，這樣就可以把找房子的範圍擴大，比較容易租到便宜的房子。捷運＋巴士轉乘還有個特別的名字，叫做「捷巴宅」。

此外，也可以利用機車或 Ubike，機車是非常方便又省錢的交通工具，有了機車，就不用侷限在捷運站周邊，通常可以

找到至少省下三分之一租金的地方。另外，現在到處可見的 Ubike 也非常方便，捷運站下車後騎著 Ubike 回到租屋處，省租金又健康。

而租金除了跟地段、區域有關之外，不同的屋況租金自然也不同，甚至同一棟大樓裡相同坪數的物件也會出現不一樣的租金。

▲自己裝潢布置更省錢

布置美輪美奐的房子租金一定會比較高，尤其現在上班族都喜歡租一卡皮箱就能入住的房子，而這樣的房子通常是房東精心布置的，越漂亮的房子租金當然會越高。房東之所以願意花錢把房子布置漂漂亮亮的再招租，這其中是有眉角的！

拉高租金以後，短期間就可以回收裝潢成本，從此墊高租金，就是房東的目的。

例如原來一間租金只有 12,000 元的房子，經過房東找人裝潢，並且買了更高檔的家具，再花點巧思布置，總共花費 12 萬元，然後租金拉高到 15,000 元招租。

每個月租金只有提高 3,000 元，裝潢費卻花了 12 萬好像很多，但事實上一個月租金多收 3,000 元，一年多 36,000 元，只要三年多一點的時間，裝潢的成本通通回來了，而且租金不再是原來的 12,000 元，已經被墊高到 15,000 元。

通常一次裝潢撐個十年沒什麼問題，後面至少六年多的時

間，以每個月增加 3,000 元租金計算，房東就可以多賺二十幾萬。所以，只要花一次費用，以後每個月的租金都能提高，算一算成本全部回來之後還大賺一筆，這才是房東願意花錢把房子變美再招租的重點！

所以，以房客的角度而言，寧可去租原來 12,000 元素顏的房子，只要挑屋況好的，沒漏水、結構安全的，雖然沒什麼裝潢，但是租金相對便宜，自己簡單布置一下只要花一次錢，否則讓房東來布置美美的，其實也只花一次錢，但是每個月的租金都因此變貴了。

像壁貼幾十元就有了、檯燈、抱枕也是幾百元就買得到，其實一點都不貴，居家量販店都有賣，甚至夜市也買得到壁貼還有抱枕，舊沙發可以買組沙發布套鋪上去，油漆重新漆 DIY 的話，買個水泥漆回來刷，花費不過一、二千，有興趣的人還可以跟民宿一樣把牆壁刷個跳色，而且自己動手整理過的房子，一回到家看到每個角落還會留下滿滿溫馨的回憶。

所以看到房子舊沒關係，一來租金便宜，二來可以用房子醜這個原因來跟房東殺價，之後再自己採買、DIY 省租金。而且很多東西像檯燈、抱枕、沙發布套日後搬遷時其實都可以帶走重複使用。

不過，要提醒一下，貼壁貼或重新油漆要記得先徵得房東同意，以免爭議，原則上可以幫房東美化房屋，又不用房東花

錢，要取得房東的同意應該不難。

打算自己布置美化房間的房客，千萬要記得簽長約鎖住租金比較有利，要不然一開始簽約時，因為房子醜租金才比較便宜，之後房東發現房子變漂亮了，會有想要調漲租金的動機。

如果擔心剛住進去不熟屋況，怕之後才發現問題，也可以第一次先簽個一年，醜醜的房子暫時不要弄先住就好，等摸熟一切屋況確認沒有問題，這時候再來規劃自己美化布置，第二次就可以跟房東談簽兩年或更長期的租約了。

簽長期租約還有一個好處，可以跟房東凹個減一個月或半個月房租。

因為簽長約，對房東的好處是不用每年換房客，如此一來，房東省得打掃、帶看，又沒有閒置期。說實在的，每個房客搬走了，房東自己動手打掃累死了，請別人打掃又貴森森，之後還要拍照刊登廣告，還不曉得什麼時候才有房客來。有房客願意簽長約，這些費用跟閒置期的損失通通沒了，所以跟房東凹個減一個月或半個月房租，房東有很大的機會會同意。

這樣的道理，在續約時同樣適用，尤其這個時候房東房客彼此已經熟識了，好房客跟房東續約時，跟房東凹減房租的空間更大，除了前面說的，不用打掃、拍照、帶看，可能還會有閒置期外，放著現有認識的好房客不續約，將來新來的房客也不知道是圓是扁，萬一「得時鐘換來一個得龍眼的」（臺語），

那可就糟了！

　　所以，好房客續約時，只要凹減房租的空間不要太離譜，「得逞」的機會都很大。

　　還要記得，房客自己美化房屋完，等租約到期前要跟房東續約時，最好約在大廳或外面簽約，儘量不要在租的房子裡面簽約，要不然讓房東看到房子變那麼美了，會想漲租金喔！

▲租屋越大越貴？

　　另外，租房子也要講求 CP 值，房子租金不是越大越貴，而是越小越貴。這句話怎麼說呢？例如 10 坪的獨立套房出租 15,000 元，相同地段 30 坪的房子如果按照比例計算應該可以租到 45,000 元，問題是 30 坪的房子可以租到將近 30,000 元就不錯了，這就是房子越小越貴的道理。

　　那怎麼利用這個道理節省租金呢？很簡單，不要去租 10 坪 15,000 元的獨立套房，而是去租坪數 30 坪通常是三房二廳二衛的產品，通常每個房間平均下來的租金會比獨立套房划算很多，尤其是三個房間中除了一間附衛浴的主臥，另外兩間會是共用浴室廁所的雅房，租金會更為實惠。

　　如果怕跟陌生人共居容易有糾紛摩擦，也可以找幾位原本就認識的朋友一起合租。因為獨立套房不但租金比較貴，空間又小，而大坪數三房二廳的房子，除了自己的房間，還可以共用客廳、餐廳、廚房，更有家的溫暖，既便宜使用空間又大，

是節省租金的好方法。

　　此外，大坪數共居的房子有很多是公寓型的產品，優點是不用繳管理費，缺點是沒有提供倒垃圾跟公共區域需要有人打掃，想要節省租金也可以自願承擔起這些工作，來換取租金的優惠。

　　過去房東通常會把公寓改裝成分租套房，房客回來穿過一個走道回到自己的房間，門關起來就是自己的空間，完全沒有跟別人共用空間的問題，看起來似乎比較單純。

　　但是，將公寓隔間成分租套房，依法要申請室內裝修許可，完工還要報驗收，市場上多的是沒有合法申請室內裝修的物件，又加上房東將本求利，為了追求投報率把房間數量越隔越多，以致產生許多充滿危險性的分租套房，政府近來對於室內裝修許可的法規執行越來越嚴格，而且，現代的人比較有法治觀念，公寓改裝分租套房動輒被鄰居檢舉，所以改裝的難度會越來越高，而市場上偏偏又有許多舊公寓是三房兩廳的空屋，所以可以預期未來共居型態的出租物件會越來越多。

　　我個人從民國 92 年開始當房東，並在 107 年將規模擴大，開了一間 RED 612 揪安心租屋公司，其中有一個屋主將位於八德路二、三樓的房子包租給我們公司，我們就是採用共居的型態來出租。

　　要讓不同的房客共居在一起，除了自己獨立的房間之外，

還有共同使用空間，包括客廳、餐廳及廚房，既然有共同使用空間，以臺灣的風俗民情來說，只能讓同性別的人住在一起，所以我們把物件規劃成「閨蜜公寓」，只有女性才能入住。

圖 1-3 ～ 1-6　閨密公寓

另外，要在共用空間共同生活，因此會存在衝突摩擦的可能性，所以選擇個性適合的房客住在一起是有必要的。

為了這個目的，我們公司花了很多心思規劃了「房客賞屋配對會」。

對這個房子有興趣的房客必須先填寫 Google 表單，這樣一來，我們就可以掌握打算入住房客的年齡、學歷、工作、興趣跟個性。我們會先初步篩選，讓同質性高的房客前來參加

「房客賞屋配對會」，除了讓房客實際參觀房子之外，我們還透過團康活動例如比手畫腳，以及讓參與者對話交流，讓大家先彼此認識，最後填寫意願表，讓房客自己選擇適合住在隔壁房間的室友。

經過這樣的活動篩選入住的房客，相處都非常愉快，而且跟一般分租套房回來只能關在房間不同，有共用的客廳、餐廳及廚房，就跟家裡一樣，住起來空間大非常舒適。所以，租房子不一定只能選擇單坪租金較貴的套房產品，未來共居的公寓會是一個新趨勢。

4 如何依租金上限挑房子？

租金不要超過薪水的四分之一，這樣就可以算出每月負擔租金的上限。假如每月薪資是 28,000 元，那麼，一個月的租金上限就是 7,000 元，如果薪資有 56,000 元，那麼一個月的租金上限就有 14,000 元。

現在租屋網站非常便利，可以設定縣市、鄉鎮區，以及租金金額加以搜尋，用路段、社區名稱來搜尋也可以。假設大明每月租金上限 7,000 元，要找在大安區的房子，那就要勾選臺北市，大安區，設定租金 6,000 至 7,000 元然後按下搜尋，可以找到 38 間雅房，將 5 坪以下會有壓迫感的房間排除，只剩下 12 間，另外很少見的，在大安區居然還有一間獨立套房租

金只要 7,000 元。

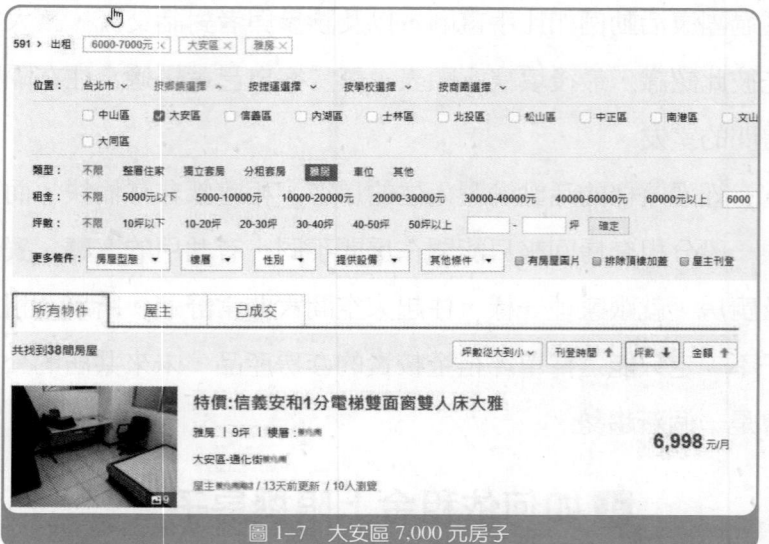

圖 1-7　大安區 7,000 元房子

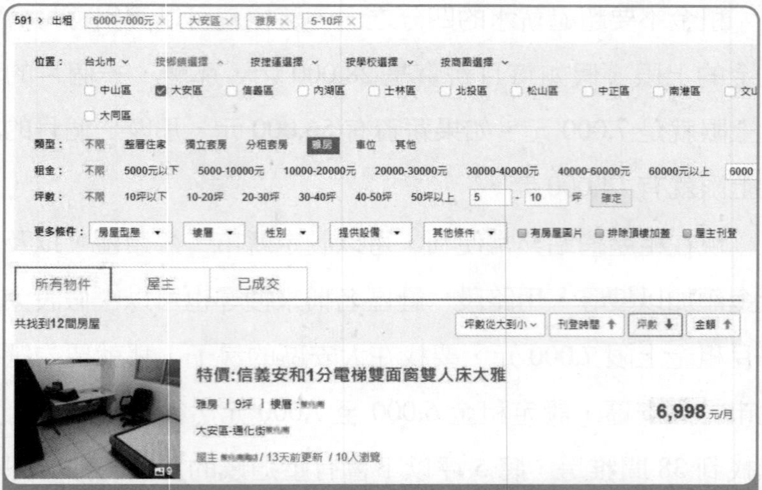

圖 1-8　大安區 7,000 元 5 坪以上房子

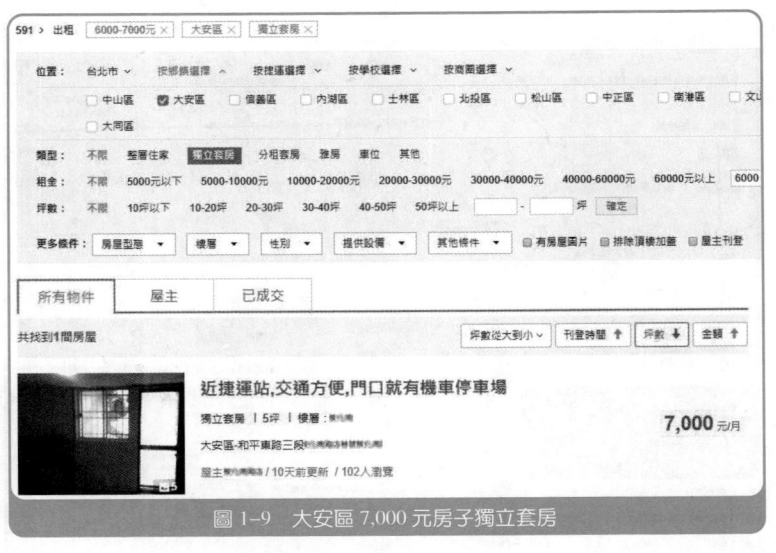

圖 1-9　大安區 7,000 元房子獨立套房

想要知道物件到捷運站的距離，可以按下租屋網站地圖上標示的「路線」，就會跳到 Google 地圖，然後點選最近的捷運站變成出發地，地圖上即會顯示路徑及距離。

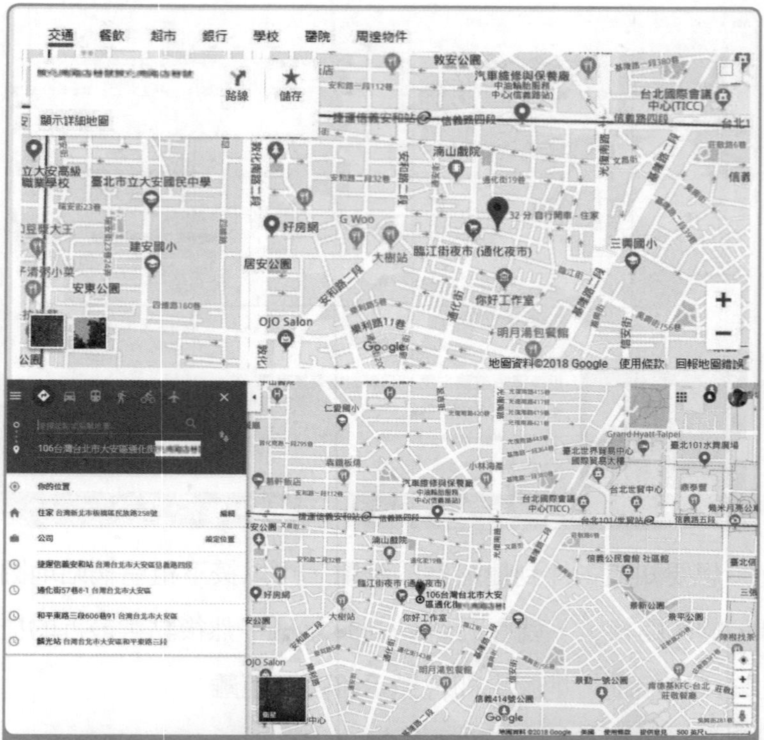

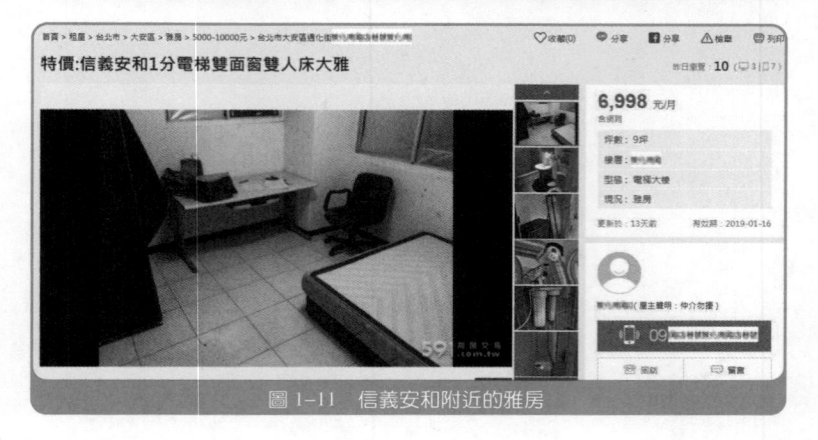

圖 1-10　Google 地圖

圖 1-11　信義安和附近的雅房

圖 1-12 信義安和雅房到捷運站的距離

如以第一間雅房信義安和為例，距離信義安和站為 450 公尺，走路 6 分鐘，交通距離上來看蠻便利的，坪數也不小有 9 坪。

圖 1-13 距離忠孝復興 1 分鐘的雅房

圖 1-14　google 地圖實測距離忠孝復興站 1 分鐘

　　可以用這個方法把其餘 11 間雅房通通檢視一遍，當中發現有一間標題為忠孝復興捷運步行一分鐘的物件，Google 地圖顯示距離忠孝復興站 85 公尺，走路只要一分鐘，從交通位置上來看是不錯的物件。

　　另外，租金 7,000 元的獨立套房用相同方法檢視，距離麟光站 1.2 公里，走路 15 分鐘，所在區域比較靠近山區。

圖 1-15　大安區 7,000 元房子獨立套房詳細資料

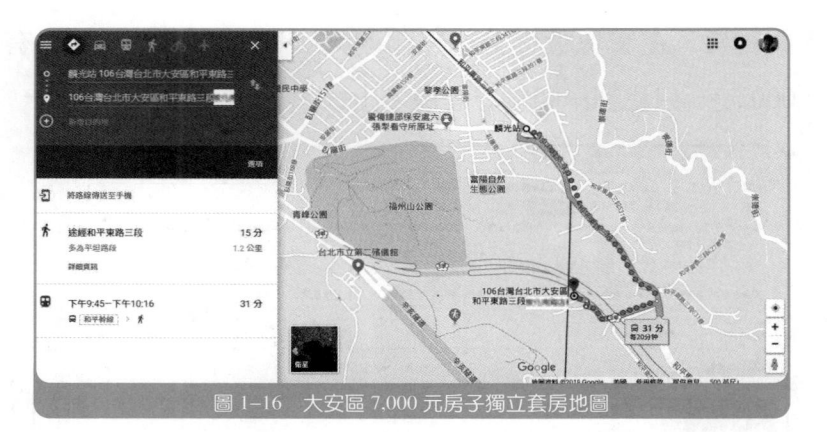

圖 1-16　大安區 7,000 元房子獨立套房地圖

　　大明只要用這個方法，就可以從交通距離、坪數大小及屋況初步篩選，挑適合自己的物件跟房東約看。

　　同樣，假設阿華每月租金上限 14,000 元，要找在大安區的房子，同樣也是勾選臺北市，大安區，設定租金 13,000 至 14,000 元然後搜尋，可以找到 25 間獨立套房，20 間分租套房，

圖 1-17　大安區 14,000 元房子獨立套房

5 間雅房，在套房數量上比起剛剛大明一個月租屋預算只有 7,000 元，只找到一間獨立套房多出很多。

圖 1-18　大安區 14,000 元房子分租套房

圖 1-19　大安區 14,000 元房子雅房

　　不過在這邊要闡明一個觀念，所謂獨立套房應該是指獨立門牌，單獨電錶的套房，至於公寓隔套雖然有獨立衛浴，但既然沒有獨立門牌，應該只能算是分租套房。但是檢視租屋網站上的許多物件可以發現，明明就是分租套房，卻還是以獨立套房刊登，所以大家如果要找的是獨立套房，應該要注意從細節再去作區別。

▲獨立套房 VS 分租套房辨識技巧

　　要區別獨立套房跟分租套房其實也很簡單，例如從照片上看得出來廁所墊高地板，這就是分租套房，因為廁所是後來新增設的，為了把馬桶管線埋進去必須墊高地板，從照片上就可以很容易區別。另外如果註明有安裝分錶按一度幾塊錢計算電費的，這也是分租套房，因為獨立門牌的套房，台電電錶本來就是獨立的，按台電帳單繳費即可，不需要用分錶按度數計費。

　　不過既然阿華每月租金預算有 14,000 元，應該可以不用遷就雅房，在套房當中做選擇即可，同樣按照之前的方法將 5 坪以下會有壓迫感的房間排除，逐一檢視與捷運站之距離，然後依坪數大小、屋況等做篩選，挑選適合自己的物件跟房東約時間看屋。

第 **2** 章
如何挑房子及好房東

1 如何篩選自己的租屋需求

租屋的選擇，首先要根據居住的人數來決定需要的房型。如果是一個人，情侶、夫妻，或是兩個朋友為了節省租金選擇共住，那麼，一房的空間就足夠。如果是夫妻還有孩子，那可能就要找兩房的物件，當家裡人口更多一些，就要找三房的物件。

以現在市場上的租屋需求來看，大部分的房客都是單身，或是兩人同住，所以一房的需求是最大的。一房的選擇包括雅房、分租套房以及獨立套房。所謂的雅房就是房間裡沒有獨立的廁所，要跟別人共用。至於房間裡有獨立廁所的，就稱為套房，又可以分為獨立套房跟分租套房。

獨立套房就是當初建商蓋房子的時候，就規劃興建成只有一個房間的房子，所以有自己獨立的權狀，獨立的門牌、電錶、水錶；至於分租套房，又稱為「隔套」，也就是一開始其實是一整層的房子，事後才裝修隔成一間一間有獨立廁所的房間，每個房間沒有獨立的門牌，也沒有獨立的電錶，所以要安裝分錶計算每個房間使用的電費。

不過以上說的分類，在市場上常常會出現魚目混珠的現象，也就是貼租屋廣告時把分租套房也統稱為獨立套房，好像是只要房間裡有獨立廁所的就是獨立套房，但事實上，獨立套

房跟分租套房可是有很大的區別。除了上面說的,有沒有獨立的電錶之外,分租套房不一定會有陽臺,所以洗衣機要擺哪裡就是一個大問題,有些分租套房因為沒有陽臺,只好將洗衣機擺在廁所裡面,或者找一個公共空間擺放洗衣機讓大家共用。至於獨立套房,有陽臺的當然沒有這個問題,但是隨著從以前到現在,房子坪數越來越小,有些獨立套房也沒有陽臺,但是本來就是自己一戶,所以建商一定會特別設計安排,通常就是標榜飯店式管理,這類型的房子就是會使用洗脫烘一體成形的洗衣機,擺在洗碗槽的下方,這樣一來,沒有陽臺也能解決洗衣的問題。所以也可以這樣說,獨立套房是原裝的,至於分租套房則是組裝的,或者說是拼裝的。

　　當然,如果碰到租屋廣告把分租套房也統稱為獨立套房,只要親自到現場看過實際環境就能判斷,但畢竟跑到現場去還要花時間,這邊可以分享一個好方法,從租屋廣告的照片跟文字就可以輕鬆判斷究竟是分租套房還是獨立套房。

　　因為分租套房的廁所是後來才新增的,必須重新拉管線,而馬桶的糞管管徑又特別大,因此施工時會把地板墊高,所以只要觀察租屋廣告照片,廁所門下方有墊高的話,那就是分租套房(見圖2-1);另外,獨立套房有自己單獨的台電電錶,所以每個月電費按照台電電費單繳費即可,沒有特別約定一度電幾塊錢的必要,至於分租套房,因為是安裝分錶,所以必須

約定一度電如何收費，也就是說，當租屋廣告裡有特別記載一度電收多少錢，那也是分租套房而不是獨立套房。

因為有上述的不同，所以通常如果是在同地段的房子，獨立套房的租金會高於分租套房的租金，而分租套房的租金又會高於雅房的租金。

圖 2-1　墊高地板

除了房間的數量，房間的坪數大小是另外一個要考量的部分。

租房子大概不會帶皮尺去現場測量房間大小，所以要有簡易評估坪數的方法。通常房間會擺床，所以用床來換算坪數是一個蠻實用的方法。一般標準雙人床的尺寸是 152×188cm，也就是 2.8576 平方公尺（1.52×1.88 ＝ 2.8576），而一坪等於 3.3058 平方公尺，也就是說，一個雙人床差不多就是一坪的大小，所以房間擺得下幾張雙人床，大概就是幾坪。

租金通常跟坪數大小有關，房間越小，租金越便宜，房間越大，租金就會貴一點，但是不能只考量租金，房間太小的話住起來會有壓迫感，長期生活並不舒適。通常房間裡除了床，還會擺衣櫥、書桌，有時還會有沙發，連同廁所，5 坪應該是

最基本的坪數。

　　至於房間內的家電家具，房東是否會準備？因為房型不同，也會有所不同。

　　如果是一房，包括雅房、分租套房及獨立套房，通常房東會把家電家具通通準備好，所以房客只要拉一卡皮箱就能入住，二房應該也是差不多的狀況，至於三房因為是提供給家庭居住，而家庭通常會有自己的家電跟家具，所以大多數是不附家電家具的狀況出租。

　　因此，如果是承租一房、二房的房客，就從市場上找房東有提供家電家具的物件就好，儘量避免自己採購大型的家電家具，以免造成日後搬家時的困擾。例如，房客自己買了一臺洗衣機，租約到期時要自己搬走，偏偏自己開轎車或騎車也沒辦法載，光請人搬運就是一筆不小的費用，還有，找到下一個要租的地方，房東本來就有洗衣機，難不成要擺兩臺洗衣機，或請房東把洗衣機收起來嗎？所以記得，承租一房或二房，儘量不要自己買家電家具，至於承租三房家庭式的物件，可以自己買家電家具。

2 租屋平臺介紹

▲ 591

　　講到租屋平臺，大家首先想到的一定是三個數字，

「591」，因為房客都來這邊看租屋訊息，房東自然就會到這邊來刊登。

591 的頁面設計簡明，有電腦版跟手機 app 版。

電腦版出租房子的位置可以依不同縣市、捷運路線、學校、或是商圈做選擇，房型也有整層住家、獨立套房、分租套房、雅房的區別，另外還可以依租金、格局、坪數、公寓或電梯大樓、樓層、有無性別限制、提供設備、可否開伙、可否養寵物做篩選，可說是鉅細靡遺，分類清楚。

手機 app 版則較為簡單，出租房子的位置只有依不同縣市、捷運路線做選擇，少了電腦版可以依學校、或是商圈做選擇，另外依房型、租金、格局、坪數、公寓或電梯大樓、樓層、可否開伙、可否養寵物等大同小異，少了幾個像是有無性別限制或提供設備的選項而已。

利用 591 搜尋租屋一定要特別注意，越容易看到的房子，例如像是置頂、黃金曝光、VIP 等等，並不是租屋平臺特別篩選過，然後把比較好的房子放在容易看得到的位置，而是因為房東花了更多的刊登費而已，簡單講，花越多錢刊登就越容易被看見。

當然多花費用刊登的房子跟好壞無關，好的房子也有可能為了儘早租出去要增加曝光所以多花了一些刊登費用，反之，只有基本費用沒有多花費用較不易曝光的物件也有可能是好物

件，所以尋找物件時要多點耐心，以免遺漏了潛藏在泥沙當中的黃金啊！

▲好房網快租

另外提供刊登出租訊息的平臺，除了 591 之外，還有好房網快租，同樣也有電腦版跟手機 app 版。

電腦版同樣可以依區域、捷運、學校做選擇，提供設備的分類更為仔細，另外，在手機 app 版多了搖搖搜屋的功能，只要在當地搖一搖手機，就會在地圖上顯示附近出租物件的位置。

另外像樂屋網，或者很多房仲公司的網頁，也都提供租屋訊息刊登，都是可以找到出租物件的管道。

▲臉書社團

除了以上提供刊登租屋訊息的平臺外，臉書上也有很多跟租屋相關的社團，例如「台北租屋、出租專屬社團」、「大台北租屋網房東盡量 PO」、「大台北租售房屋網」、「不動產交流站」等等，除了可以看到房東提供的租屋訊息外，房客也可以自己主動張貼求租的資訊，只要用臉書搜尋打上「求租」兩個關鍵字就會看到很多這類的資訊。

例如你想要租三重的房子，那麼不光只是找房東貼的資訊，你自己可以在臉書社團上留言，把自己的租屋需求通通寫上去，像是這樣：

【求租】獨立套房

【時間】3 月中入住（現租房子 3/12 到期）

【預算】NT$15,000 以內 / 月

【需求】要有陽臺廚房可開伙

【人數】一對情侶一隻狗（很乖不吵鬧）

【地點】三重

【設備】雙人床、衣櫃、冰箱、冷氣、簡易廚房、洗衣機、桌椅

【水電】依帳單繳費

【其他】對外窗戶、可曬衣空間、離捷運近

【拒絕】分租、頂樓加蓋、地下室

【聯絡】留言或私訊

　　這樣，有適合房子的房東就會前來留言，主動提供資訊，這對房客來說更方便。

　　但還是要提醒房客，這只是找房子的一個管道，增加選擇的機會，不要看到房東提供資訊就一定非租不可，還是要多方比較，才能找到最實惠 CP 值高的房子。

　　另外，房客上傳統的租屋平臺看房子，只能靠自己一頁一頁一間一間的照片跟資料看下來，手跟眼睛都酸了，臉書平臺上的租屋訊息還有個好處，那就是房子不是房客自己看到也沒關係，只要有熱心的朋友知道這個人正在找房子，在茫茫網海

中剛好看到了適合的房子，就可以在出租資訊上 tag 需要租屋的朋友過來看，比起傳統租屋平臺刊登的租屋資訊，增加了更多主動性，廣告效果更好，也更容易找到符合需求的房子。

▲區公所布告欄

租屋還有一種比較傳統的方式，就是張貼 A4 大小紙本的廣告在區公所的布告欄上。

因為版面有限，多數這樣的廣告只有文字內容，有的會標示房屋位置、租金、設備、連絡電話，少數也有只寫著大大的「租」跟聯絡電話而已，看到這種廣告，我都很好奇連基本資料都沒有，房客究竟要如何決定租不租？

房客最起碼要先知道租屋各方面的條件才能考慮究竟要不要承租，另外，至少得讓房客知道房子究竟是圓的還是扁的吧！如果房客一眼看過去沒有打電話跟房東聯絡看屋的想法，那房東就直接出局了。

人家說眼見為憑，房屋出租最好的方式當然就是把房子呈現在房客面前，所以只有文字是不夠的，一定要有房子的照片。

當然也有少數貼在區公所布告欄上的租屋廣告會放上幾張房屋照片，不過因為整個版面只有 A4 大小，又是使用電腦列印，照片的畫質不高，比不上租屋平臺一次就可以放十餘張高清的照片，所以使用區公所布告欄貼租屋廣告，這樣的招租方

式效果應該是最差的。

　　不過對於房東而言最差的招租方式，對房客可能是另類尋寶的好機會。這怎麼說呢？

　　對房東效果越好的招租方式，顯然看廣告而來的房客是最多的，有這麼多的房客跟房東聯繫、約看，那房東的條件應該會越來越硬，相反的，效果不好的招租方式，會來聯繫的房客顯然會少很多，在冷冷清清沒什麼人來看的狀況下，房客比較好跟房東殺價或談條件。

　　所以，看區公所布告欄找房子，雖然是比較傳統的方式，但房客反而可以在當中尋寶，也許可以發現超值的好物件。

　　但畢竟區公所布告欄的租屋廣告只有一張 A4 大小的紙本，上頭刊登的資訊比較不足，不像電子租屋平臺有一定格式，而且大多數都有照片，只要看廣告內容不用到現場就可以初步判別物件好壞，區公所布告欄的租屋廣告可能每個物件都要親自到現場，才能確認是否為適合自己之物件，必須要多花一點時間。

③ 如何選擇租屋大小？

　　如同前面說過的，租屋大小依居住人數不同，會有不同的坪數需求，一到二個人可以選擇雅房、分租套房或是獨立套房，二到三人可能就需要二房的物件，人數再多一點可能就需

要三房的物件。那麼，最適合的房間大小究竟要如何選擇呢？

其中的差別不光是房間數不同，還要特別注意的是每個房間的空間是否確實都有發揮功能。

另外，要省租金的話，租分租或獨立套房也要注意坪數大小，這也可以省下不少租金。

像以套房來說，通常一個房間加廁所正常的坪數是 5 坪，假設今天同地段有一間 5 坪的房子出租 15,000 元，跟一間 6 坪的房子出租 17,000 元，不要以為後面那間換算坪數比較便宜，事實上花 15,000 元租五坪的房子就夠了，後面那間雖然多花 2,000 元就多出一坪，但仔細想一想，床有固定的尺寸，廁所應該也是差不多大小，多出來的 1 坪可能是大在客廳，有必要每個月多花 2,000 元租大一點的客廳嗎？

所以挑物件的坪數，切記只要空間夠住，不要有壓迫感就好，床、廁所、陽臺空間是固定的必須要不能省，至於客廳可以小一點沒關係，能省就省。

要以現在的實際需求狀況，評估租屋的每個空間是否都能利用到，而且可以發揮實際的功能，至於目前還用不到那麼大的空間，則可以先選擇租小一點的房子，多少都能把不必要花的租金省下來。

④ 捷運站有無電扶梯差很大

　　找房子一定要有耐心，仔細評估物件的各項條件，這倒不是說一定要花很多時間，而是看屋的過程，就要好好想像一下未來，假設將來每一天住在這裡的樣子，看看是否便利，不然會產生許多看屋當時未能注意，等到實際入住以後才發現的問題，那也來不及了。

　　像住捷運站周邊，要注意選擇前往的路上要有電扶梯可以搭乘，否則，像現在有很多捷運站，尤其是捷運交會也就是所謂的雙捷運站，因為捷運往下開挖，樓梯都變得越深越長，沒有電扶梯的話，只能爬樓梯，那是挺累人的。

　　簽租約入住之前，都會先去現場看屋，可能因為匆忙趕時間，爬個一趟也覺得沒怎樣，等到簽了約搬進去住，每天上下班要爬二次樓梯，氣喘吁吁才想要換房子，偏偏租期還沒到搬走要扣一個月押金，只能每天維骨力多吃一點，忍耐爬一年撐到租約到期為止，真的這樣那就累人了！

　　要避免這樣的困擾，一定要挑選通行路徑上有電扶梯，而且最好是雙向的電扶梯，這樣上下班來回兩趟都有電扶梯可搭，輕輕鬆鬆多好！

5 頂樓違建可以租賃嗎？

頂樓違建是臺灣常見的現象，尤其在人口集中的雙北市，站上高處一看，哇塞，還真不得了，公寓頂樓上紅紅綠綠的一大片，沒加蓋的還真的很少見，這就是頂樓違建。

違建既然沒有建築執照，所以不可能在建築完成後取得使用執照換發權狀，等於是不合法的建築物，問題來了，頂樓違建可以出租嗎？

翻閱所有的法規，並沒有限制違建不得出租的規定，所以也可以簡單理解成違建是可以出租的，但假如違建確實已經影響到房客的安全或健康，那就另當別論了。

依據民法第 424 條規定，租賃物是房屋或者是其他提供居住的處所，假如有問題有瑕疵，會去危害到房客或者同住人的安全或健康時，就算房客在簽約時已經知道這些瑕疵，或者已經拋棄終止契約的權利，還是可以終止契約。

也就是說，頂樓加蓋的違建可以出租，但是不能危害到房客的安全或健康，一旦有這樣的情況發生，房客就可以提出要終止租約。

什麼情況算是危害到房客的安全或健康呢？例如政府針對頂樓加蓋違章，將室內隔成三間房間以上的既存違建，列為優先拆除的對象，顯然存在一定的危險，這時候應該就可以認定

已經危害到房客的安全或健康了。

　　我以前在北投念高中時，也租過頂樓加蓋的房子，一個月租金才三千元，夏天下課回去時，整間鐵皮被太陽曬得非常悶熱，流了滿身的「汗水」，冬天下課回去時，因為北投常下雨，牆邊不時還會滲下一些「雨水」，想到「汗水」跟「雨水」，不知不覺眼角就有了「淚水」，高中三年就在三個「水」當中度過了。

　　當然，住頂樓加蓋比較省錢，可是也潛在許多危機，所以在決定租頂樓加蓋之前，還是要仔細找找其他物件，難道真的沒有其他物件了嗎？可以的話，還是租非頂樓加蓋的物件比較安全。

6 洞悉租金行情的方法

　　自從 101 年 8 月 1 日實價登錄實施之後，內政部有不動產交易實價查詢服務網可以查不動產買賣及租賃的價格，但是實際使用實價登錄資料庫就可以發現，租賃比起買賣，可供查詢的物件數量少了很多。

　　因為所有的買賣一定都要完成實價登錄，但在租賃方面，只有透過房仲找到房客的物件，才需要實價登錄，而房東自租的數量比較多，透過房仲租賃的只是其中一部分，更何況縱使透過房仲找到房客，房東也不想因為實價登錄讓租賃曝光，所

以想盡各種辦法來逃避實價登錄。

　　例如房東委託房仲找到房客之後，就付違約金跟房仲解約，然後自行跟房客簽約，因此，租賃的實價登錄案件可說是少之又少。

　　不過，縱使少，實價登錄的租賃價格還是具有參考的價值，可以上內政部不動產交易實價查詢服務網，點選不動產租賃，輸入驗證碼按下確認後即會進入查詢系統。

圖 2-2　點選不動產租賃

圖 2-3　輸入驗證碼

　　進入畫面後只有縣市、鄉鎮市區以及交易期間可以點選，
如果要查詢路名可以點選多條件，就可以使用道路名稱來查
詢。

圖 2-4　點選多條件

圖 2-5　使用道路名稱查詢

　　例如想查詢臺北市中山區中山北路二段一年內之租賃行情，輸入資料搜尋後找到六筆租賃之實價登錄資料，住宅租金約落在每坪 1,700 元至 2,300 元不等。

圖 2-6　中山北路二段一年內租賃行情

圖 2-7　中山北路一年內租賃行情

　　目前實價登錄資訊仍以 30 號為區間的區段化門牌提供查詢，將來才會修改為特定門牌公開，再加上租賃資料庫中物件又稀少，所以還要查詢其他資料作補充。

　　591 也提供了租賃行情可供查詢，可以 Google 打上「591租售行情」就可以找到。

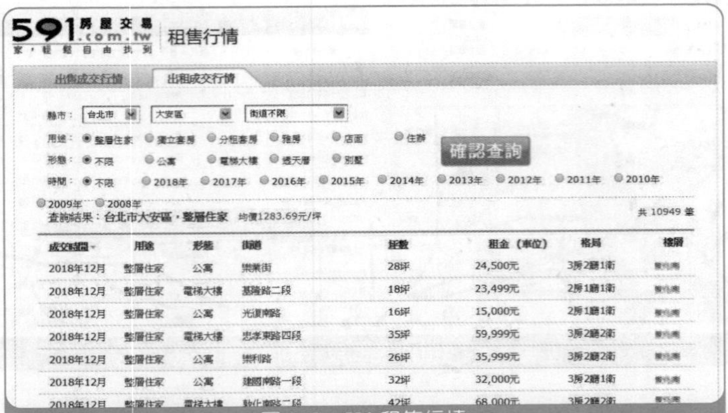

圖 2-8　591 租售行情

點選出租成交行情，輸入中山北路二段，查詢 2018 年出租行情，按確認查詢即出現非常多筆資料，而且還可以依據不同房型，像是整層住家、獨立套房、分租套房、雅房分別查詢，參考性更高。

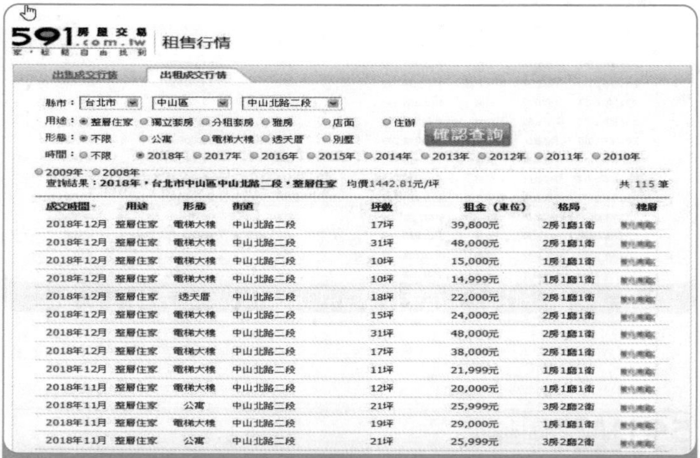

成交時間	用途	形態	街道	坪數	租金（車位）	格局	樓層
2018年12月	整層住家	電梯大樓	中山北路二段	17坪	39,800元	2房1廳1衛	
2018年12月	整層住家	電梯大樓	中山北路二段	31坪	48,000元	2房1廳1衛	
2018年12月	整層住家	電梯大樓	中山北路二段	10坪	15,000元	1房1廳1衛	
2018年12月	整層住家	電梯大樓	中山北路二段	10坪	14,999元	1房1廳1衛	
2018年12月	整層住家	透天厝	中山北路二段	18坪	22,000元	2房1廳1衛	
2018年12月	整層住家	電梯大樓	中山北路二段	15坪	24,000元	2房1廳1衛	
2018年12月	整層住家	電梯大樓	中山北路二段	31坪	48,000元	2房1廳1衛	
2018年12月	整層住家	電梯大樓	中山北路二段	17坪	38,000元	2房1廳1衛	
2018年12月	整層住家	電梯大樓	中山北路二段	11坪	21,999元	1房1廳1衛	
2018年11月	整層住家	電梯大樓	中山北路二段	12坪	20,000元	1房1廳1衛	
2018年11月	整層住家	公寓	中山北路二段	21坪	25,999元	3房2廳2衛	
2018年11月	整層住家	電梯大樓	中山北路二段	19坪	29,000元	1房1廳1衛	
2018年11月	整層住家	公寓	中山北路二段	21坪	25,999元	3房2廳2衛	

圖 2–9　591 租售行情：中山北路二段整層住家

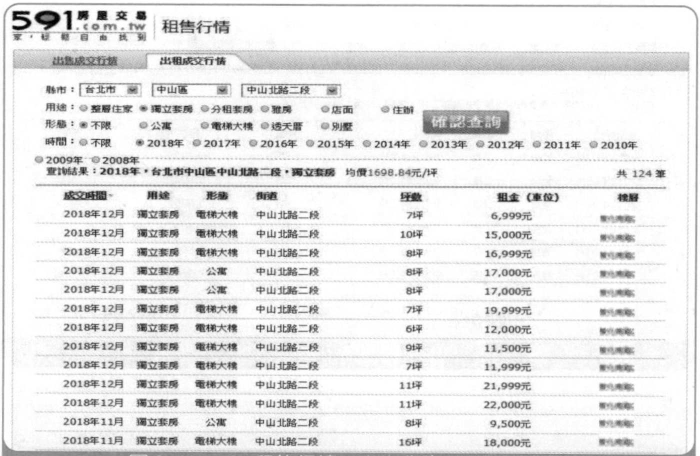

成交時間	用途	形態	街道	坪數	租金（車位）	樓層
2018年12月	獨立套房	電梯大樓	中山北路二段	7坪	6,999元	
2018年12月	獨立套房	電梯大樓	中山北路二段	10坪	15,000元	
2018年12月	獨立套房	電梯大樓	中山北路二段	8坪	16,999元	
2018年12月	獨立套房	公寓	中山北路二段	8坪	17,000元	
2018年12月	獨立套房	公寓	中山北路二段	8坪	17,000元	
2018年12月	獨立套房	電梯大樓	中山北路二段	7坪	19,999元	
2018年12月	獨立套房	電梯大樓	中山北路二段	6坪	12,000元	
2018年12月	獨立套房	電梯大樓	中山北路二段	9坪	11,500元	
2018年12月	獨立套房	電梯大樓	中山北路二段	7坪	11,999元	
2018年12月	獨立套房	電梯大樓	中山北路二段	11坪	21,999元	
2018年12月	獨立套房	電梯大樓	中山北路二段	11坪	22,000元	
2018年11月	獨立套房	公寓	中山北路二段	8坪	9,500元	
2018年11月	獨立套房	電梯大樓	中山北路二段	16坪	18,000元	

圖 2–10　591 租售行情：中山北路二段獨立套房

租事順利

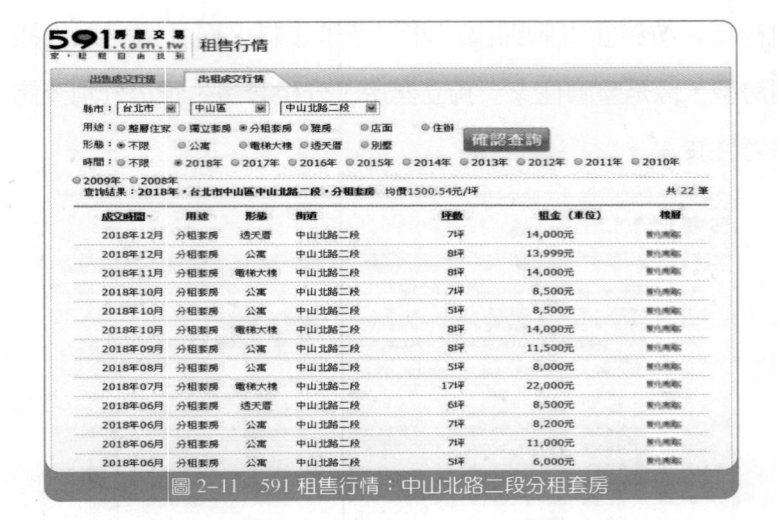

圖 2-11　591 租售行情：中山北路二段分租套房

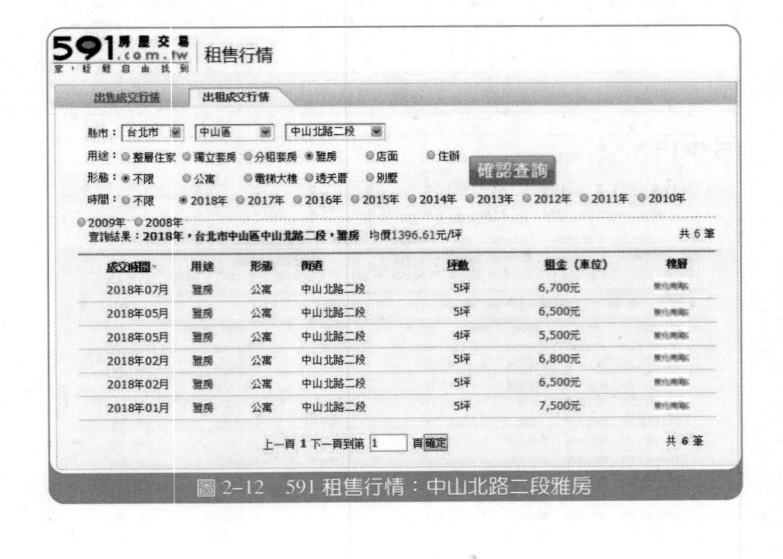

圖 2-12　591 租售行情：中山北路二段雅房

　　另外，臺北市政府地政局也統計了「臺北市熱門路段房價 & 租金索驥」，目前統計到 2019 年 (https://epaper.land.gov. taipei/2019Monopoly/_New/index.html)，上面有熱門路段當年跟前一年相比，交易量以及交易單價的變化，也可以參考。

　　因為現在提供刊登出租物件的平臺太多元了，而且很多自租的屋主還會接到房仲的開發電話，又將物件委託房仲出租，所以偶爾會在相同或不同的租屋平臺上，看到同一個出租物件，而且，還可能出現不同的出租金額。

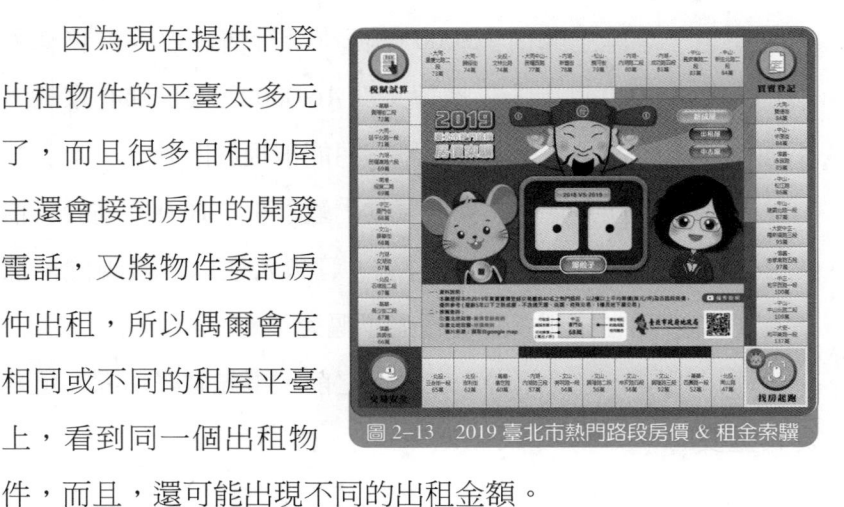

圖 2-13　2019 臺北市熱門路段房價 & 租金索驥

　　這時候要一一比對會花費很多時間，於是便有業者設計出比價功能的平臺，叫做「Ubee 房屋比價平台」，同樣有電腦版跟手機 app 版，可以比對同一物件刊登在各個租屋平臺之資訊。

　　所以，在尋找出租物件時可以利用「屋比」做確認，看看同一物件有沒有更便宜的出租價格。

圖 2-14

在找尋確認出租物件之前，對於當地出租的行情，包括附近出租的行情，還有同一棟出租的行情一定要先做功課，找房子絕對不是只看一間房子，屋主開價月租 16,000，然後殺價到 15,000 就叫做成功。

要想一想屋主開價 16,000 是否符合行情？會不會整棟大樓別人都 18,000 以上，人家屋主開 16,000 已經是佛心來的，不懂行情的房客還亂殺一通，恐怕只能被拒於門外。

又或者也有可能根本被房東當「盤子」，16,000 高於行情太多，殺到 15,000 自以為賺到了，等到入住以後發現同一棟還有 13,000 還在招租，那心裡還不嘔死！

所以租屋一定要記得，在出價之前，事先做好功課，這是非常重要的。

7 租金殺價的方法

上過菜市場買菜的人就知道，跟老闆買菜一定要凹送蔥，這跟任何談判場合的過程都一樣，講出口的數字一定不是最後談成的金額，結果一定會被砍價。

房東當然清楚房客想殺價的心態，「既然你想殺，好吧，那我就把金額先加個 coda（額度）上去讓你殺」，這就好像雙 11 買特價的鞋子打五折，結果是把定價調高變 2,000，然後說打五折變 1,000，其實平常的價格就是 1,000 同樣的意思。

　　因此，租金後頭出現個 500，像是 13,500，17,500 那也是很常見的事，這多出來的 500 是做什麼的？明白人一看就知道是讓房客殺價的啊！

　　既然如此，那不殺個 500 怎麼行，話又說回來，500 本來就是房東墊高上去讓房客殺的，所以縱使殺了 500 也等於沒殺，至少要殺個 1,000 才有達到殺價的作用。可別小看這 500、1,000 的，一年可就有 6,000 至 12,000 啊！

　　另外，租屋除了要付租金外，還要額外付管理費、第四臺、網路費，管理費 1 坪至少 70 元，10 幾坪管理費就近千元了，而第四臺費用一個月約 500 元左右，以前的年代，房東可以自己把第四臺的訊號線接來接去讓大家共享，但是數位化之後一定要接機上盒，房東只好乖乖付費，至於網路通常都是只申請一條高速網路然後用分享的方式給多位房客使用。

　　所以通常管理費、第四臺、網路費的金額比較，是管理費＞第四臺＞網路費。因此，如果租金殺不下來，那可以跟房東凹租金包管理費，不行就租金包第四臺，再不行才是租金包網路費。

　　當然，這也跟每個人的需求有關，現在看電視的人越來越少了，很多出租的房子裝的也不是第四臺，而是安博電視盒，聯網電視也越來越普遍，專門用來收看網路節目。還有，很多人的手機網路吃到飽，4G 跑起來也很快，也未必需要用到

wifi 網路，這部分就因人而異了。

　　以上是剛入住時殺租金的技巧，租約到期通常是入住一年之後，還有殺租金更棒的方法。

　　什麼，入住一年還可以殺租金，房東不調租金就阿彌陀佛了，還想殺租金啊！

　　當然可以殺啊，但前提一定要先弄懂房東的心態。

　　當一位房客跟房東退租之後，首先，房東要先把房子重新打掃乾淨，鋪上床單，擺上美美的布置品，拍出美美的照片，po 上租屋平臺，然後等有緣人看到了，喜歡房子打電話來預約看屋。

　　對房東而言，這代表二件事情：

　　第一，房東要打掃房子，自己打掃很累，請人打掃要花錢。

　　第二，招租期間會有閒置期，而閒置期等於沒有租金收入。

　　而如果可以的話，房東不想打掃房子，也不想有閒置期。

　　所以，當租約到期，房東的心態就是房客可以利用來跟房東殺租金的籌碼。

　　只要原來的房客續約，房東就不用打掃房子，而且租約完全銜接，不會有閒置期。但前提一定要是一位好房客，如果是一位老是欠租的房客，那房東巴不得租約到期房客趕快搬走，這時候房客等於完全沒有籌碼了。

　　所以想要在一年後有籌碼跟房東殺租金，從租屋之後一直到租約到期之前，一定要按時繳租，在房東的心裡成為一位好房客，等到租約到期時，房東也捨不得這樣的好房客搬走，否則不但要打掃，有閒置期，而且誰曉得會不會來一個惡房客！

　　這時候房客就可以跟房東開口，願意續約，但可不可以每月租金少個 500 元？

　　對房東而言，一年少了 6,000 元，可是如果不答應的話，就要重新打掃房子，而且閒置期的租金損失搞不好會高於 6,000 元，而且，萬一來了一個新房客會欠租那就更慘了！想一想還不如讓原房客少點租金繼續住下去。

　　所以囉，只要掌握房東的心態，好房客應該有很高的機會可以殺價成功。

　　同樣的道理，房客還可以運用跟房東續約二年、續約三年的方式，利用延長租約來增加殺價的金額，例如續約二年，每個月租金少個 1,000 元。因為對房東而言，續約越長，代表中間避開的閒置期越長，也越有讓價的空間。

　　當然，願意跟房東續長約也有前提，這位房東一定是一位好房東才行。如果碰到的是位惡房東，還是早日溜之大吉，可以殺再便宜的租金也別續租啊！

8 看懂租屋廣告三數據

租金談判的金額，就跟做生意一樣，當這門生意想做的人一堆，條件自然開很高，反之，當這門生意都沒人想做，開的條件自然不會太高，而且會有很大的讓利空間。

因此，看懂租屋廣告，自然就會清楚這間房子究竟是「門庭若市」或是「門可羅雀」，細節就藏在租屋廣告重要的三個數據裡。

首先，看昨日瀏覽人數，像這則租屋廣告昨日有 146 人瀏覽，與同一區域其他物件相比，人數很多，算是熱門物件。

圖 2-15　租屋廣告三個數據

其次，看收藏人數，這則租屋廣告有 50 人收藏，代表不但有很多人注意看了這則廣告，當中還有不少人中意這間房子

所以特別按下了收藏。還有另外一個可能就是房客已經確定不續租，房東是在房客租約尚未到期前就預先登租屋廣告，但是要等房客租約到期搬走才會帶看，想預約看房的人怕將來忘了是哪一間，所以按下收藏，因此，收藏人數多，往往也代表跟房東預約帶看的人很多。

最後，要看租屋廣告的有效期，通常租屋廣告的刊登期限是一個月，也就是說，當有效期距離看到的當天越近，就代表廣告刊登的時間越久，比如說，有效期就是看到的當日，代表租屋廣告今天已經刊登一個月快到期了，居然還沒有成交下架，那就是非常冷清的物件。

因此，如果看中意的物件瀏覽人數很多，收藏人數也很多，廣告有效期還很久，代表是「門庭若市」的物件，想跟這位房東租這間房子的人一大堆，當然就很難殺價。

反之，如果物件瀏覽人數很少，收藏人數幾乎沒有，廣告有效期快到了，這樣「門可羅雀」的物件就比較好殺價。

當然沒錯，「門可羅雀」的物件有可能是因為房子本身有問題，像是地段偏遠、漏水、壁癌等等，這樣的房子當然要避而遠之，價格再便宜也不要選擇。

但也有物件房子本身條件不錯，只是因為房東技巧不好，不會布置以至於房子看起來很醜，才變成「門可羅雀」，這時候就要靠有慧眼的人，去把蒙塵的珍珠找出來。

　　尋找租屋的過程，有時候也像尋寶一樣，好運的得時鐘，歹運的得龍眼。但是多做功課就可以避免挑錯物件，看得懂租屋廣告潛藏的三個數據，就可以知己知彼，百戰百勝了！

9 讓房東優先把房子租給你的絕招

▲房租高漲為什麼？大家都在等買房

　　按照道理，房價貴的時候，租金也很貴，房子不容易租，反之，當房價下跌變得便宜的時候，租金應該很便宜，房子應該要很好租才對，但真實的情況是這樣嗎？不！房價下跌的時候，房子不但不好租，租金還一路上漲，為什麼會這樣呢？

　　這一波房地產從 2003 年 SARS 開始起漲，一直到了 2014 年第三季才觸頂向下修正，算一算總共漲了快要十二年。房地產的漲跌，就是一個循環，總要歷經一段時間上漲，一段時間整理，然後一段時間下跌，之後再整理一段時間，然後才會上漲。

　　所以，算算房地產從 2014 年第三季下跌到現在，不過才 5 年左右的時間，不太可能在這麼短的期間內馬上修正完畢，只要下跌的過程還沒走完，代表房價還沒有落底，而許多準備買自住房子的人都想「買在最低點」，既然房價尚未落底，於是很多人便選擇繼續等下去！

　　不過，除了等還要有其他法子，畢竟每個人天天都需要一個地方睡覺，房價漲要地方睡覺，房價跌也需要地方睡覺，縱

使在等房價下跌的過程中間也要睡覺，既然還在等低點不下手買房子，那只能用租的。

於是房價下跌時，本來就打算一直租房子的人繼續租房子，連打算買房子的人因為房價還沒有落底，也暫時選擇租房子，於是兩邊的人通通選擇租房子，造成租賃的需求大量增加，當然就會一路把租金帶上去。於是，就出現「房價下跌，租金卻上漲」的奇特現象。

因此，縱使房價下跌，租金卻是一路上漲，因為背後的租屋需求很高，也代表房東的房子容易出租，房客卻不容易租到房子。

因為這麼競爭，所以好不容易在網路上千挑萬選，終於找到一間喜歡的房子，也經常因為追求者眾，老是被別人租走，就像是煮熟的鴨子一樣，從嘴巴裡飛走了。

怎麼會這樣？因為你看中意的房子一定是不錯的物件，租屋的人實在太多了，所以你看喜歡了，別人看了也喜歡了，競爭之下就有可能被別人給搶走了。

想要讓房東優先把房子租給你，應該要了解的不是跟你搶房子的對手，而是要了解房東的心態。

▲從房東角度想一想

人家說房東是養啞巴兒子，房東拿房子來出租是為了什麼？

　　當然是希望房客每個月都按時交租，讓房東每個月都有一筆穩定的收入可以當生活費，而且會很穩定住很久，才不用老是要換房客。所以，房客必須讓房東相信，以後一定會每個月按時乖乖交租金，而且會是個穩定的房客。

　　按時交房租＋住很久＝房東喜歡的房客。

　　可偏偏找房子的時候，房東跟房客都是第一次見面，誰也不認識誰，光靠嘴巴說以後會按時交租誰不會說，而且畢竟口說無憑，除非是沒經驗又天真的房東才會相信，所以一定要有讓房東相信一定會準時交租的憑證。

　　例如像有好的工作？這個不錯，比靠嘴巴講好多了。因為好的工作代表經濟能力穩定，有能力可以按時交租。所以如果工作或公司不錯的，像擔任老師、公務員或者在百大企業任職的，一定要讓房東知道。

　　但是光有穩定的經濟能力還不夠，如果個性散漫這個忘那個忘，或者沒有守時的概念，那以後繳個租金還要房東三催四請那不累死，所以房東也會觀察每一個來看房子人的個性。絕對不要在看屋的時候遲到，這是租屋的大忌，說真的，連看個房子都遲到，代表沒有守時的觀念，那之後付租金也遲延還得了，這很容易被房東打槍。

　　更高明的是還沒看屋之前，就留給房東良好的印象，讓房東認為自己是一個守時的人。

　　例如跟房東約好了看屋時間，可以跟房東講前一天會再做電話確認，要抵達現場之前，也先打個電話跟房東說：「房東，我再 20 分鐘之後就到了，待會見」，當然最重要的是原來跟房東約好的時間一定要準時赴約。房東還沒見面之前，就已經禮貌的聯絡了幾次，而且非常準時，這樣就可以在房東的腦海裡留下一個好印象。

　　房東最害怕的房客就是時間到了不但不付租金，連人都聯繫不上，沒消沒息的那種，所以像那種約了時間不來一通電話也沒有，或者會晚到也不先說一聲，都會留給房東不好的印象，一定要避免。

　　還有，房東喜歡穩定住很久的房客，而房客會住很久，通常這有二種條件，第一，房客很喜歡這間房子，第二，房客上下班從租屋處到公司是很方便的。

　　常常會有房客在找房子時沒有考慮車程遠近，轉車麻不麻煩，光看到漂亮的房子就租了，等到入住去上班才發現，「唉呦，去個公司怎麼這麼遠」、「哇塞，轉車轉來轉去也太麻煩了」，結果不是硬撐等一年租約到期，就是提早終止租約賠錢了事。

　　通常房東都比房客有經驗，房子可不是有人住就好，房東會挑將來可能住比較久的人來當房客，這樣才能一租就好多年，多省事是不是？

　　所以房客找房子別只是看漂亮，也要選擇離自己工作地點方便的區域，這樣去看屋時可以跟房東說：「哇塞，房東我超幸運的，看到這間好喜歡的房子，而且我今天下班從公司過來超近的，不用轉車一下就到了」，房東聽了心想：「嗯，不錯，這房客喜歡房子，而且離公司近交通又方便，以後可能會住好多年」，房東把房子租給你的機會就會大大增加。

　　另外，看屋的順序既然是房東安排的，當然只有房東知道順序，房客不會知道，比較沒經驗的房東才會按照打電話先後時間安排看屋順序，有經驗老練的房東從電話中跟看屋者聊天，就安排好了排名先後順位，會把自己認為適合、比較喜歡的房客安排在前面，所以如果被安排在名單後面，租到房子的機會就會遞減。

　　那房客又看不到名單，怎麼知道被排在前面還後面？其實這可以用經驗去推測，如果假日帶看安排在晚上，那顯然是被排在後面，如果是平常日下班後帶看，被安排在晚上九點半，那顯然也是被排在後面。

　　房客一旦發現被安排在後面的順位，該怎麼辦呢？這時候要懂得用插隊的方法。

　　順序被排在後面，通常房東之前的時間已經在現場帶看了，所以不妨提早一點抵達現場，但是不可以直接衝到現場去，要先打個電話跟房東說：「房東，不好意思，我來看屋提

早到了附近，不曉得您是否在那邊，方便我提早看屋嗎？」

　　前面不是說要遵守跟房東約好的時間，這裡怎麼又說要插隊？

　　你要知道，看屋被安排在比較後面的順序，租到房子的機會就不高，所以這招本來就是「死馬當活馬醫」，至少還看得到房子就有一些機會，要不然可能原來看屋時間還沒到，就接到房東打電話或傳簡訊說不用來了，已經租出去，「歹勢啦！」

🔟 預防租屋詐騙

　　網路上什麼都有，什麼都不奇怪，這年頭也是什麼都有人被騙，什麼都不奇怪，租屋遇上詐騙也不足為奇了。

▲假英國房東詐騙事件

　　比較有名是之前「假英國房東」詐騙事件，通常會在租屋網站放上很漂亮的房子照片，而且都在很好的地段像是東區等等，重點是租金都低於行情非常便宜，等房客看到租屋廣告上鉤以後，發現要用 email 跟房東聯繫，於是寫信過去，房東就會回英文信件，表示人現在在英國，之前會在臺灣買這間房子是因為孩子在臺灣念書，現在孩子已經畢業回英國了，這間房子用不著，希望能找到會照顧房子的人，所以便宜租就好。要不然就是說自己是工程師，之前在臺灣工作買了這間房子，但現在已經回英國去了，自己用不著就把房子便宜租出去。

　　為何買房子的原因有不同的說法，但重點是非常巧合，房東人都在英國，所以沒有辦法自己帶看，可以委託房仲或第三人帶看，但前提是要先匯租金跟押金，看了不滿意會退款。

　　結果還真的有人匯了錢，卻連房子的影子也沒看到，錢也沒拿回來，後來才知道原來那些美輪美奐的房屋照片還是從國外網站抓的，才發現是騙局一場。

　　而其實在網路、PTT 上，老早有人把這種詐騙的手法寫得一清二楚，居然有的連騙人的英文信件內容都長的一模一樣，熱心的網友還把信件貼出來昭告天下，因為騙人的人自稱住在英國，所以稱為「假英國房東」詐騙事件。

　　如果被騙了之後又回頭看到別人早就已經在網路上貼文提醒，而且連騙人的英文信也長得一模一樣，那就真的只能氣到吐血吐到死了。

▲出租人和租屋平臺不用負責嗎？

　　的確，只要花錢就可以在租屋平臺上刊登租屋廣告，沒有經過核實自然會給有心犯罪的人可乘之機，於是這次租賃住宅市場發展及管理條例（以下簡稱租賃專法）通過實施，其中即特別賦予租屋平臺查證的義務，受託刊登租賃住宅廣告的媒體經營者如果明知或可得而知租屋廣告的面積、屋齡、樓層別及法定用途跟事實不符，那麼，承租人因為信賴廣告所受到的損害，媒體經營者要跟出租人負連帶賠償責任。

▲政府掛保證的查核管道——地籍圖資網路便民服務系統

既然要查核，就要有足供比對的資料來源，法律規定可以依據政府公開資訊、刊登者提供的謄本或建物所有權狀影本來查證。

所謂政府公開資訊，這邊要特別介紹一個蠻實用的網站，「地籍圖資網路便民服務系統」。

圖 2-16 地籍圖資網路便民服務系統

圖 2-17 地籍圖資網路便民服務系統：進入系統

圖 2-18 地籍圖資網路便民服務系統：信義路二段 12 號

　　打開「地籍圖資網路便民服務系統」，點選進入系統，點選門牌，然後點選地政門牌，輸入地址，按查詢，就會出現依據門牌查的結果，點擊所在樓層，就會顯示每一間房子的地段、建號、建物面積、樓層數（總共是幾樓蓋的房子）、樓層別（這間是在幾樓）、建物完成日期以及主要用途，租賃專法要求租屋平臺必須查核租屋廣告的面積、屋齡、樓層別及法定用途等等的資訊通通包含在裡面。

　　所以目前租屋平臺均與「地籍圖資網路便民服務系統」連線，當房東刊登租屋廣告輸入門牌地址時，租屋廣告就會自動跳出樓層數，也會自動跳出建物權狀登記的面積。

　　使用這個網站查詢資料，在臺灣很多建物均有外推的情況下，就可以很容易比對原始權狀登記的面積有多大。

　　「地籍圖資網路便民服務系統」不光是在核實租屋廣告的

面積、屋齡、樓層別及法定用途好用，過去如果要用門牌號領別人所有的土地、建物謄本，還要到地政事務所用門牌號查詢地號、建號，然後再領取，現在直接使用「地籍圖資網路便民服務系統」就能查詢，而且馬上知道建物的屋齡跟權狀面積，不光是租賃用途，如果買賣要查資料也是很好用的查詢工具。

　　法規除了要求租屋平臺必須查核租屋廣告的面積、屋齡、樓層別及法定用途，另外也要求出租人提供的租賃住宅廣告內容應該要與事實相符，但假如有不法之徒就是要刊登虛假的租屋廣告來騙取租金、押金，這方面租屋平臺也只能確認租屋廣告的面積、屋齡、樓層別及法定用途是否相符，無從確認刊登廣告之人是否有權出租，所以這方面還是要靠房客自己注意，才能避免類似「假英國房東」詐騙事件再次發生。

▲五個租屋防詐小提醒

　　那究竟要怎麼注意呢？

　　首先，一定要到現場看過房屋。

　　第二，要確認帶看的人是誰。

　　第三，確認有權出租的人是誰。

　　第四，如果不是屋主，要確認是否有合法授權，或者有屋主轉租的同意書。

　　第五，在沒有完成以上確認之前，絕對不要輕易付出租金、押金或訂金。

　　畢竟現在的詐騙實在太多了，很多犯罪者的手法實在讓人匪夷所思。像有人先去租了一間房子，等拿到鑰匙之後就以屋主自居，去刊登租屋廣告，因為租金相當低廉，於是就吸引了很多房客前來看屋，這個騙子根本沒有出租的權利，卻一屋數租，跟很多人騙了租金、押金之後就捲款逃之夭夭了！

　　因為法律並未限制只有屋主才能出租當房東，媽媽的房子兒子拿來出租可不可以？當然可以。跟屋主租了房子之後再拿來出租可不可以？當然可以。屋主自己不出面，而是委託仲介幫忙帶看找房客可不可以？當然可以。所以光一個租賃，就可能存在不同的方式，房客去租房子時，一定要先確認帶看的人是誰？有權出租的人又是誰？

　　租房子最起碼確認一下屋主是誰，至於像前面說的，兒子拿媽媽的房產來出租，要確定一下母子的關係，如果是二房東，要看一下跟原屋主的租賃契約，除了確認是否有權出租外，租期不能超過二房東跟原屋主的租期，如果是仲介帶看的，也要確認一下委託關係是否存在。

　　但是道高一尺魔高一丈，還有更厲害進階的犯罪手法，有時候看完犯罪情節，真的會想說這麼聰明的人居然去犯罪實在有點可惜！

　　曾經發生過一個案子，騙子先去找同姓氏的房東租房子以後，跑去戶政事務所把自己的名字改成跟房東一樣，如此一

來，騙子的姓名變成跟屋主完全一模一樣，如果光比對謄本還真的無法確認是假屋主，同樣也是騙了很多人的租金、押金之後就逃之夭夭。

面對這種進階的犯罪手法，只能要求要看權狀，因為假屋主是拿不出權狀來的，但畢竟這樣的案例比較少見。

因為假租約詐騙層出不窮，所以在租賃契約應約定及不得約定事項中已經明文規定，出租人必須出示有權出租的證明文件及國民身分證或其他足資證明身分的文件供承租人核對，企業房東適用的應記載不得記載事項於 109 年 8 月 14 日修正後亦增加相同規定，來保障房客的權益。

11 如何避免租到凶宅？

一聽到凶宅，應該很多人已經頭皮發麻了！畢竟房子裡面發生了非自然死亡事件，會害怕很正常，別說買到凶宅會害怕，租到凶宅當然也會怕。

但偏偏過去的法規很奇怪，只有規定買賣部分，如果賣方知悉有非自然死亡事件，要告知買方，但是在租賃的部分卻沒有相同的規定。這樣的意思好像是說，只有買到凶宅會害怕，如果是用租的，即使是凶宅也不用怕。

難道租房子是拿來放在那邊當空屋欣賞的嗎？租房子當然是要住進去啊！即便不會像買到凶宅要承擔鉅額的房價損失，

但住進凶宅裡難免心裡會毛毛的，怎麼可以不用告知？

這樣的情況，目前已經有了改進，租賃專法實施之後，針對非消費關係的租約，也就是個人房東適用的住宅應約定不得約定事項，其中「租賃標的現況確認書」裡面首先特別針對凶宅，規定房東必須要告知，而且不光是產權持有期間是否有發生非自然死亡事件要告知，連持有前是否知悉有非自然死亡事件也通通要告知。

但租賃凶宅告知的義務一開始沒有全面實施，只有在非消費關係的租約，也就是住宅應約定不得約定事項以及包租業者轉租契約書應記載不得記載事項裡面有規範，對於消費關係租約，也就是給企業房東使用的租賃應記載不得記載事項裡面卻付之闕如。

照道理講，企業房東適用的版本規範應該要比個人房東適用的版本規定更嚴格，但先前規定內容卻剛好相反，其中最主要的原因是住宅應約定不得約定事項制定的時間比較晚，所以比較完善，因此本書出版時即推論，企業房東使用的租賃應記載不得記載事項，之後應該會修正改成一致的規定才對。果然，應記載不得記載事項於 109 年 8 月 14 日修正時，即將凶宅條款納入。

▲什麼是凶宅？

既然租賃的契約版本已經開始出現凶宅要告知的規定了，

那麼，對於什麼是凶宅，就有進一步了解的必要。

　　講到凶宅，內政部在 97 年 7 月 24 日以內授中辦地字第 0970048190 號函釋，針對 92 年 6 月間公告修正之「不動產委託銷售契約書範本」附件一「不動產標的現況說明書」項次 11 內容，「本建築改良物（專有部分）於賣方產權是否曾發生兇殺或自殺致死之情事」做出說明，指賣方產權持有期間，於其建築改良物之專有部分（包括主建物及附屬建物），曾發生兇殺或自殺而死亡（不包括自然死亡）之事實（即陳屍於專有部分），及在專有部分有求死行為致死（如從該專有部分跳樓）；但不包括在專有部分遭砍殺而陳屍他處之行為（即未陳屍於專有部分）。

　　很顯然，凶宅只有針對專有部分，所以如果有人從頂樓跳下來掉到中庭往生，因為頂樓跟中庭都不是專有部分，所以並不會讓整棟房子通通變成凶宅。

　　但是要特別注意，該函釋特別提到了在專有部分有求死行為致死（如從該專有部分跳樓），所以如果有人從五樓跳下來，掉到了中庭，雖然這個人在五樓還有呼吸，但符合在專有部分有求死行為致死，所以五樓算是凶宅，中庭不是專有部分，不會讓整棟變成凶宅。但如果是從五樓跳下來，掉到一樓陽臺，因為一樓陽臺是專有部分，所以五樓跟一樓都算凶宅。

　　至於該函釋提到「不包括在專有部分遭砍殺而陳屍他處之

行為（即未陳屍於專有部分）」這個講起來有點複雜，意思是說有個人在門牌 4 號的地方被砍了一刀沒有死，掙扎的跑到了大廳體力不支便倒地而亡了，因為沒有陳屍在門牌 4 號專有部分，所以 4 號不算凶宅，而大廳也不是專有部分，所以並不會讓整棟房子變成凶宅。

你應該有看過周潤發小馬哥演的「英雄本色」，通常一顆子彈「啊～」就死了那是跑龍套的，可是主角偏偏很難死，「啊～啊～啊～啊～啊～」身體扭曲，可以讓很多顆子彈連續打才會很帥的倒下來。所以跑龍套的在 4 號被一顆子彈打到就死了，那 4 號算是凶宅；換成男主角在 4 號被一顆子彈打到一定不會死，一路「啊～啊～啊～啊～啊～」接連中彈，跑到 20 號才倒地身亡，那麼 4 號就不算凶宅，20 號才算是凶宅。

還有，雖然內政部函釋稱的凶宅只包括兇殺或自殺致死，但住宅租賃契約應約定及不得約定事項以及住宅租賃定型化契約應記載及不得記載事項「租賃標的現況確認書」裡面針對凶宅的定義更廣，除了兇殺、自殺外，也包括一氧化碳中毒或其他非自然死亡的情事，通通都要告知。

12 區別惡房東的方法

「租房子，除了要挑好房子，也要挑對好房東」，我想，資深的房客一定會深表贊同。一定要房子對了，人也對了，住

起來才舒服，否則，光只有漂亮的房子，如果房東人怪怪的，那住起來也不會舒服。所以租房子不光只是「挑房子」，也要「挑人」，一定要知道避開惡房東的方法。

　　除非像張淑晶是惡房東經過媒體大幅報導，廣為人知，連很多人沒租屋碰過張淑晶也知道怎麼回事之外，大部分房客在找房子時，跟房東都是初次見面，那要如何判斷房東是好是壞呢？其實，有一定的跡象可以判斷。

▲房東誠不誠實？

　　好房東，誠信是必要的，房東可不是收租金就好，以後還要負責出租房屋的修繕，所以一定要找到有誠信的房東，日後才會善盡義務跟責任。

　　如果租屋廣告的照片很漂亮，一到現場看到的卻是很糟糕的房子，根本跟刊登的照片不一樣，很顯然這樣的房東是不誠實的，連照片都想騙人，如何期待會是一個好房東呢？碰到這樣的房東二話不說，掉頭就走，「天涯何處無芳草，何必單戀一枝花」呢！

　　但也不是房子跟照片不符的房東通通都是騙人的，也許房東只是比較節儉而已。

　　市場上有很多房東不只有一間房子在出租，或者應該說，通常房東不會只有一間房子在出租而已，當有二間以上的空屋，刊登二筆租屋廣告就要收二筆錢，餘此類推。所以有的房

東為了省錢，有好幾個物件出租卻只選擇刊登其中一筆，當刊登廣告的那間租出去了，因為期限還沒到，房東也不會下架，這時候房東就會說：「啊，抱歉，那間已經租出去了，你要不要看別間」。

原則上既然都是同一個房東的物件，「屋如其人」，別間應該不會跟照片刊登的那間品質相差太遠，那這就很單純，只是房東為了省刊登費，但如果刊登廣告的那間房子像天堂，別間一看居然像地獄那種的，那就是碰到不老實的房東了，腳底抹油快逃吧！

當然租屋平臺禁止刊登一則廣告帶看很多間，但實際上還是有房東這樣做，所以這只是描述市場上的確有這樣的行為，並不是鼓勵房東這樣做喔！對房客而言，還是一則廣告就帶看那一間，一清二楚，也才不會在租屋一開始就引起房客的誤解跟不信任。

另外像租屋平臺一次可以刊登 15 張照片，如果房東打算出租的房子很棒很讚會怎麼做？當然是從大廳、走道、房間、廁所，把每個細節都拍得清清楚楚，讓房客看到照片，彷彿親臨現場一樣，照片跟現場相似度越高，越能縮短房客做決定的時間，也是節省房東的時間。

可偏偏租屋平臺上有些廣告，有的連一張照片都沒有，有的只有幾張少的可憐的照片，而且畫質不清，更經典的是只放

上週邊學校啦、公車站牌啦、大賣場的照片，至於房子本身的照片要嘛沒有，不然就是很少。

奇怪，為什麼明明房子要出租卻又沒有房子的照片？開個玩笑說，就是房子不能看才不拍給你看啊！

要知道以出租的模式跟順序來說，通常房客先看到的是房子的照片而不是房子，一定是房客看到照片覺得不錯，才會跟房東約時間看，如果房子很美，拍的照片很糟糕，那房客約看的機率會降低，更何況如果連房子本身的照片都沒有，那房客約看的機率更是微乎其微了。

撇開房東真的是不懂刊登的技巧不談，明明有空間可以放照片，為什麼不通通放上畫質清晰的照片，連屋況都不敢讓別人看，不覺得這其中有鬼嗎？

▲租約給不給看？

如果是公平合理的租約，那就沒什麼是見不了人的，房東允許房客事先把合約看清楚也是應該的，政府的租約版本還進一步要求必須有三天合約審閱期。

但有房東可不是這樣，要求房客看租約前必須先付訂金，或者跟房客說先簽完租約才能看。

付訂金才能看租約？那萬一房客看完租約發現有問題不簽，訂金可就要被房東沒收了！而且這種要求先付訂金才能看的租約本身發生問題的機會本來就很大，訂金付了究竟要不要

簽約也會讓房客變得進退兩難，根本是挖陷阱讓房客跳，一定要小心。

至於簽完租約才能看那又更離譜了，都已經簽完了，就算之後再看租約發現問題那還有什麼意義。

我的本業是律師，我記得有一回有位當事人拿了一份契約來諮詢，契約影本上頭貼了好多顏色的便條紙，還做了好多註記。當事人一坐下來就滔滔不絕跟我陳述這份契約的問題，講的頭頭是道，於是我問當事人：「既然契約問題這麼多，你當初怎麼會簽名呢？」當事人回我：「那時候簽約前完全沒看，這些問題都是簽完約之後努力做功課才發現的。」暈倒！白紙黑字的契約都簽名了還有什麼好講的。

所以啊，房東要求房客先簽名才能看契約，這根本是要人誤上賊船，連想跳船也來不及了，千萬不能答應。

▲規定公不公平？

房東跟房客之間，就靠一份租約來規範彼此的權利義務，而租約內容，會有偏向房東有利的版本，也會有偏向房客有利的版本。

通常政府的租約範本，或是崔媽媽基金會的租約，會比較有利於房客，但往往房東拿出來的版本，常理來說會比較偏向對於房東自己有利，所以房客在還沒有簽約之前，一定要好好檢視每個條文是否公平。

　　比如說，如果房客提早終止租約，要賠償房東一個月租金，那麼換成是房東提早終止租約，也應該要賠償房客一個月租金，這樣就很公平。如果規定房客提早終止租約要賠償二個月租金，而房東可以隨時終止租約而且通通都不用賠償，那顯然就非常不公平了。

　　還有像那種規定一大堆，動不動就這個弄壞賠 5 萬，那個弄壞賠 10 萬，用高額賠償金胡亂懲罰的，或者是一度電收費超過 7 元以上的，就要特別小心。

　　倒不是說弄壞東西可以不用賠償，但是金額要公平合理，而且應該計算折舊。畢竟房客住進去時很多都是早就用過是屬於中古的物品，東西使用久了本來就會自然耗損，就算真的是房客弄壞了，也沒道理要房客賠一個全新的，更何況如果賠償金額甚至超過正常行情好幾倍，那就更誇張了！

　　雖然違約金過高日後有爭議時可以請求法官酌減，但牽涉訴訟不但花時間還勞民傷財，事先避開有爭議的租約，連簽都不要簽才是上上之策。

　　電費也是一樣，安裝電錶由使用者付費最公平，但是收費金額要合理。雖然台電計費會隨著使用總度數越高將每度收費標準提高，但是每度電最高收費也只有 6 塊多，如果房東收費超過 7 元甚至還更高，那顯然連電費都要賺一筆。通常分租套房一度電大多數是以 5 元計費，所以如果房東收電費超過標準

的，應該再去找找計費比較合理的物件。

另外，房客付租金給房東這是天經地義，東西壞掉了需要修繕由房東負責這也是天經地義，如果房東的租約把所有修繕責任通通規定都由房客負責，這就顯然有失公平了。

要注意，法律規定除非有特別約定或習慣之外，應該要由房東負起修繕責任，換言之，也可以特別約定由房客自己負修繕責任，所以如果房東在租約裡撇清所有修繕責任，全部通通由房客負責，結果房客竟然還簽名同意，那就真的沒辦法要房東負修繕責任了，這個一定要特別當心。

▲對人尊不尊重？

如果講到房客最討厭的事情，房東亂漲租金，東西壞了房東不修向來名列前茅，另外還有一件排名應該也很前面，那就是租約到期前幾天房東一直帶人進來看房子。

房東這樣做，無非是想要趕快找到下一個承租的人，縮短閒置期，但是房客在租約到期前幾天，正在打包準備搬家。你搬過家吧！有時候亂的跟戰場一樣，讓別人看見亂不好意思的，房客這時候當然不希望房東帶人來看房子。

不過找房子時的心態又不一樣了，當房東說房客目前還住在裡面，打算找房子的人會跟房東要求說：「可不可以請房客開門，只要 5 分鐘，讓我看一下就好」，到底答應的房東好？還是不答應的房東好呢？

　　不答應的房東看起來好像很難配合，答應的房東讓找房子的人馬上可以看到房子多好！是這樣子嗎？

　　千萬要小心啊，任何事情都要易地而處替對方想一想，今日找房子的人就是明日的房客，房客租約還沒到期還住在裡面，會答應帶看的房東，顯然很不尊重人。可以先看到房子不要覺得很方便很開心，等到自己日後住進去了，這位房東在租約到期前，同樣也會要求房客開個門，只要 5 分鐘讓別人看一下。

　　所以下次去看房子注意一下，裡頭還住著人的，顯然這位房東很不尊重人，要當心將來歷史重演啊！

　　想一想，換做是你住裡面想讓別人看嗎？等房客搬走才帶看的，才是尊重房客的好房東。

13 找到好房東的方法

　　當然，光是避開惡房東還不夠，要有方法找到好房東。想要找到好房東其實很簡單，靠聊天就對了。

　　透過跟房東聊天，目的是要從房東回答的問題裡去判斷他究竟是不是一位好房東，所以這個聊天跟平常聊天可以隨意聊不太一樣，一定要問對問題。

▲前房客為什麼搬走？

　　通常搬家的原因是因為房客換工作，自己買房子或者要結婚了。房東跟房客雖然原來素昧平生，但是有緣當房東跟房

客，用心的房東會把房客當成家人一樣照顧，自然會很清楚房客的點滴，當問到前房客為什麼搬走？用心的房東講起來不會是一個簡單的答案，而是每個房客聊起來都是有溫度的故事。

我自己也當了十六年的房東，我記得曾經有位房客搬走，是因為男朋友要外派到國外從事外交工作，於是我的房客要先跟男友結婚，然後一起出國，因此提早終止租約。在退租返還房屋的那個晚上，我房客滔滔不絕跟我們說她住在這個房子的好多回憶，還有她最近忙著去學西餐禮儀跟烹飪，將來出國才可以陪著未來老公一起接待外賓，聊著聊著不知不覺才發現已經半夜十二點多，連捷運都收班了，要搭計程車才能離開。

還有另外一位房客，是板橋大遠百裡某家餐廳的店長，因為老闆派她到臺中展店，所以要提早終止租約。房屋點交完我陪她去電梯刷磁扣下樓，房客還特別回頭跟我說，如果將來調回板橋，希望可以再跟我租房子。

每一個房客就是一個故事，所以，不妨仔細聽聽房東是如何回答前房客搬走的原因，如果只是冷冷的一個答案，那麼代表房東跟房客的互動不是很熱絡。

喜不喜歡跟房客互動熱絡的房東是見仁見智，但如果是另外一種情況就要特別注意了！如果談到前房客搬走的原因，房東會有突然的情緒反應，不停的抱怨、碎念前房客的種種行為，當然的確有可能是房東真的遇到了惡房客，但是還是要仔

細聽清楚房東抱怨的內容，來判斷是否是一個苛刻的房東。

　　如果沒搞清楚隨隨便便租下來，那麼下一個被抱怨、碎念的前房客可能就是你了。

▲前房客住了多久？

　　通常租約是一年一簽，如果是好房東，那房客應該會捨不得搬走，租約到期了以後應該會續約。所以如果房東回答前房客住了二、三年，那代表這位房東應該還不錯。畢竟如果這位是惡房東，房客之前撐到租約期滿就了不起了，根本不可能會續約。

　　假如房東是說：「現在房客也不知道在做什麼，簽個約也不遵守，還沒到期就搬走，而且還不只一個，氣死我了」，說實在的，搞不好是房東有問題，否則為什麼大家都約還沒滿就想搬走了呢？

　　當然也不可能只是單純聽信房東的一面之詞，畢竟房東也有可能會說謊，所以不只要聽其言，還要「觀其行」。如果是隔套出租的房子通常會有好幾個房間，所以去看房子時有機會可以觀察一下房東跟其他已經住在這邊房客的互動，究竟是很熱絡的噓寒問暖，還是房客看到房東都很冷漠甚至避而遠之，這些都可以當成判斷的依據。

　　如果一次有大量的空房招租，除非是房子重新裝潢好剛招租的狀況，否則也要小心，為什麼會有那麼多房客同時退租？

這背後的原因都要好好跟房東聊聊，仔細判斷，才能趨吉避凶，增加找到好房東的機會。

▲房東家離租屋處多遠？

當房子有東西壞掉需要修繕，希望房東趕快來修，所以房東住得越近越好，但是房東如果住得太近，三不五時來囉囉嗦嗦一大堆，又希望房東最好離得越遠越好。所以，房東究竟是遠在天邊比較好？還是近在眼前比較好呢？

有一句話是這樣說的，「有點黏又不會太黏」，房東住的家最好是有點近又不會太近，畢竟近一點不管是修繕或者要跟房東當面溝通的速度會快很多，但是也不能近到住樓上樓下那種，這樣的話如果房東照三餐問候房客，房客也會受不了，所以還是稍微有點遠，總是有點距離才有美感。

但是有點遠也是有限度的，總不能房東的房子在臺北，結果人住高雄，難道能期待房東會搭高鐵上來處理修繕的事情嗎？除非有委託別人包租代管，否則真的相當不方便，因此，房東的家跟出租的房子至少要在同一個縣市，或者相鄰的縣市。

14 看屋記得要求關電燈、關冷氣、開窗戶還原屋況

有人說買房子是三宅一生，意思是住了三間房子一輩子就過了，雖然租房子可以每年換一間不同的房子住，比較自由，

但還是要好好挑選承租的房子，要不然住得不舒服，一年也是很漫長的。

房客喜歡什麼樣的房子？當然要燈光美、氣氛佳。

但是房子各有不同的條件，例如可能不是邊間而是暗房，或者西曬整個房子熱得要死，或是窗戶正對著北方，冬天冷風呼呼的吹。

而房東要讓每間房子感覺明亮又舒適其實很簡單，善用工具就搞定了。

多加幾盞燈再把電燈通通打開，室內就會非常明亮讓人忘記是暗房；打開冷氣吹一吹整個房間清涼無比，怎麼還會感覺是西曬；再怎麼大的風，窗戶一關，就通通被擋在外面，誰還會知道外頭北風正呼呼的吹。

所以假如跟房客約 9 點帶看，房東要幾點到？ 8 點 55 分，錯了！專業的房東 8 點半就會到了。提早半小時到現場不會太早了嗎？不會，這樣才有時間好好幫房子しあげ（日文，修飾）一下，關上窗戶，打開冷氣，把電燈通通打開，這樣等到房客來看屋的時候，自然就是燈光美、氣氛佳、超涼爽、透心涼的狀態。

這樣一來，房客看到的就不是素顏的房子，而是房東精心打扮化妝的房子。你應該看過網路上美女卸妝那一類的影片，卸妝前是傾國傾城，國色天香，卸完妝以後真的變成「沉魚落

雁」，因為把魚跟雁嚇到都掉下來了，有時候根本已經不是叫做美化，而是詐欺了對不對？

　　所以啊，房客租房子要看到房子素顏的樣子。

　　杜德偉不是唱了一首歌「脫掉」，歌詞裡的「面具脫掉　脫掉　龜毛脫掉　脫掉　通通脫掉　脫掉」要改成，「冷氣關掉　關掉　電燈關掉　關掉」，還要記得把窗戶打開，現場體驗一下房子的自然通風，還有採光是否明亮，才不會被房東美化的手法給欺瞞了。

　　當然不是說有些小缺點的房子通通不能租，而是不要被房東看屋時利用包裝的手法欺瞞租貴了，如果房客發現房子是暗房、西曬，或者冬天有東北季風直吹這些缺點，至少可以拿來跟房東殺價，用比較合理的租金租到房子。

　　另外，有些房子白天看起來很安靜，到了晚上卻是越夜越美麗，原來是附近開了卡拉 OK 店，所以找房子不只要挑房子本身，連周邊環境也要特別注意，通常這樣的房子房東會約白天帶看，房客可要張大眼睛，仔細看看附近是不是有特別醒目的招牌。至於有些房子則是剛好相反，晚上安安靜靜，睡了一覺起來突然發現好像住在菜市場，其實沒有錯，的確是菜市場，而且是早市，因為晚上已經收攤了所以很安靜。像這類白天夜晚大不同的房子其實也不少，有些是早市，有些是夜市，所以如果時間允許的話，應該白天看一趟，晚上看一趟，沒時

間的話，至少也要用網路好好做功課，查詢一下周邊的資訊，以免誤上賊船。

　　如果有社區布告欄，那也是要特別觀察的地方，如果上頭張貼公告，提醒各位住戶注意地板淺薄，勿讓小孩在家中來回奔跑，那代表的是隔音很差，還有的寫著晚上十點過後請勿唱卡拉 OK，那代表鄰居中可能有歌王歌后，平常不喜歡聽別人唱歌喜愛安靜的人就要注意了。

　　房東附的家電可以每一樣打開測試功能是否正常，家具也要試躺試坐看是否舒適，以及有無故障。發現有問題，應該要當場跟房東反映，並

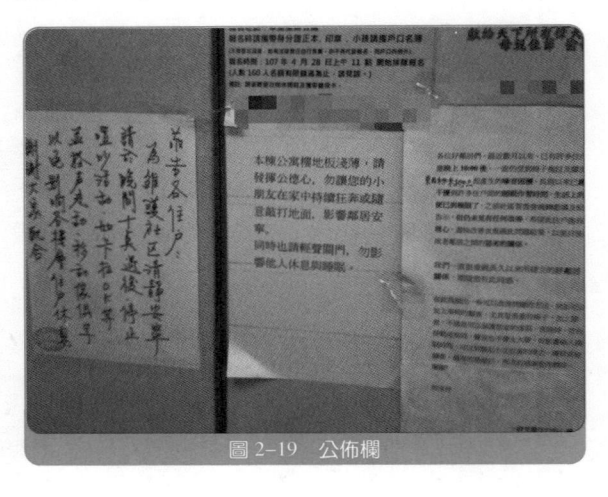

圖 2-19　公佈欄

且在租約中特別註記損壞狀況，並要求房東修復，以免日後產生糾紛。

　　瓦斯熱水器也要特別注意，如果是安裝在室內或密閉空間，必須是強制排氣型熱水器，也就是有裝設排氣管，會自動將廢氣排至戶外，以免發生一氧化碳中毒。

第  章
簽訂租約注意事項

１ 房客該適用哪一種租約？

▲口頭訂租約就有效

我當律師，常常遇到有人問我一個問題，「律師，我去看了一間房子，也付了錢說好要租了，可是還沒有簽約，是不是租約無效我可以把錢拿回來？」

基本上會這樣問，一定是以為租約一定要簽白紙黑字，也就是一定要在一本租約上簽名才會生效，但這樣的觀念其實是錯的。

想一想，我們每天去外面吃飯，或者買水果，有跟老闆簽一本白紙黑字的合約嗎？當然沒有啊！可是可以講吃飯跟買水果就因此無效嗎？當然不是。即便沒有簽約，可是當我們跟老闆說來個 75 元的排骨飯，或者 25 元一斤的柳丁買 2 斤，老闆也願意賣，吃飯跟買水果的合約都已經生效了。

因為法律並沒有要求吃飯跟買水果一定要簽立書面，這叫做「不要式行為」，至於有些法律規定一定要具備書面形式的，例如像是結婚、離婚，一定要有結婚證書或離婚協議書這一類的，叫做「要式行為」。

而租房子，就跟吃飯還有買水果一樣，都是屬於「不要式行為」，所以一旦跟房東講好要租房子，錢也已經付了，這個租約就算有效了。你說多少錢要租，房東也願意按照你講的金

額租給你，這個租約就合法成立了，不會因為沒有簽白紙黑字
的租約就無效！

　　但是啊，畢竟是租一個房子，重要的事情包括像租金、租
約期間、押金、修繕責任、可不可以轉租等等，如果沒有一個
白紙黑字的憑證，會不會日後房東跟房客一人講一種話，也很
容易發生糾紛，而且根本無從認定誰在說謊。

　　因此，即便租約沒有規定一定要簽紙本的租約才合法成立
生效，但房東房客之間最好還是要簽租賃契約，避免對租約的
內容日後產生爭執。而且，法律有特別規定，一年以上的租約
如果沒有用書面字據訂立，就視為是不定期限的租賃。

▲變成不定期租賃會怎樣？

　　原則上如果是不定期租賃，那房客就賺到了。定期租賃有
一個到期的時間，例如是年底 12 月 31 日，租約到了那一天，
房東可以說：「ㄟ，我們租約到期了，我不要再租給你了」，
同樣，房客也可以說：「ㄟ，租約到期了，我不要跟你租了」。
相反的，租約變成不定期租賃會怎樣呢？不定期就會變成沒有
一個「ending 的時間」，房東就沒有辦法說到期不要再租了，
這時候該怎麼辦呢？

　　這在過去，除非發生土地法第 100 條規定的情形，房東才
可以請房客搬家，例如像是房東要收回自住或重新建築、房客
違反規定轉租給別人、房客積欠租金額，用擔保金抵償還欠二

個月以上、房客以房屋供違反法令使用、房客違反租賃契約、房客損壞房屋或附著財物不為相當賠償，換言之，只要房客有照時間繳租金，也沒有違約，那房東就無法自行把房客趕走，必須跟房客協商，而且通常要付一筆搬遷費，才能把房客請走。

　　聰明的人一定會想到，那房東就說我要把房子收回來自住就好啦！但事情也沒有這麼簡單，既然房東本來把這間房子租給房客，代表房東有別的地方可以住，才有辦法把多出來的房子租出去。也不能突然莫名其妙就說要收回來自住，是家裡人口突然增加？或者有家人從國外回來需要更大的空間？當房東房客有爭議時，法院當然會要求房東要提出一個合理收回自住的理由跟證據，提不出來還是會被駁回的。

　　以上的處理方式在租賃專法施行之後又有所不同了，因為租賃專法第 10 條規定出租人可以提前終止租賃契約的理由，並未限制僅針對定期租約，所以解釋上對於不定期租賃應該也可以適用，而且租賃專法相對於土地法及民法為特別法，所以應該優先適用租賃專法的規定。

　　包括承租人毀損租賃住宅或附屬設備，不為修繕或相當之賠償、承租人遲付租金或費用，達二個月之租額，經催告仍拒繳、承租人未經出租人書面同意，將租賃住宅轉租於他人、出租人為重新建築而必要收回以及依其他法律規定得提前終止租

質契約等等的情形，即便已經變成不定期租約，出租人還是可以提前終止租賃契約。但同樣的，假如沒有發生以上狀況，房東還是無法自行把房客趕走。

所以原則上租約一旦變成不定期，房客就可以住爽住滿，對房東而言相當麻煩。

但是要注意一點，不定期租約也不全然對房客都是好處，因為已經變成不定期限了，所以房東有權利要求依房屋價值的昇降，請求法院調整租金，在這個情況下，房客有被調漲租金的可能。

好吧！回到我們前面講的租約，雖然法律沒有要求租約一定要簽書面，但是為了有憑證不要產生爭議，也不要變成不定期租約，所以通常會簽訂一本租約，那麼，簽訂哪一個版本的租約就很重要了。

啥？租約還有分版本啊！沒錯，而且租約還不只有兩種，總共有三種。

▲租約的種類

其實，租約分這麼多種，都要拜一個人所賜，她的名字叫做「張淑晶」，沒錯，就是曾經在媒體上轟動一時的惡房東張淑晶。因為她跟房客之間的糾紛，租約裡頭的規定欺負房客就算了，居然還會憑空生出連房客都沒看過的內容，讓政府意識到房客的弱勢，於是展開一連串租賃制度的變革❶。

　　首先，在民國 106 年 1 月 1 日開始實施新制租約應記載不得記載事項，只要是企業房東，通通要適用這個版本，而且效力很強，政府規定應記載事項沒寫在租約裡的，自動生效，不得記載事項還寫在租約裡，這部分就會無效。

　　應記載事項例如押金最高不得超過二個月租金總額、要載明水電及相關稅費負擔方式、租賃雙方可不可以提前終止租約、違約賠償金額最高不得超過一個月租金、房屋返還點交手續以及未返還房屋違約金計算等等。

　　不得記載事項包括不得約定拋棄審閱期間、不得約定廣告僅供參考、不得約定房客不能報稅、不得約定房客不能遷入戶籍、不得約定房東稅金增加由房客負擔等等。

　　回顧張淑晶跟房客之間發生的糾紛，張淑晶讓房客使用的電卡費用較高、規定超高的違約金，這在應記載跟不得記載事項裡面都有相應的規定，因此，還有媒體將新制租約戲稱為「張淑晶條款」。

　　要保護房客，光靠一套新制租約是不夠完整的，因此政府

---

❶ 2015 年 3 月，一位曾跟張淑晶租屋的大學生，在網路上陳述過去與張淑晶租屋時發生的種種糾紛，從此惡房東之名不脛而走。張淑晶被控利用租約未蓋騎縫章，趁機追加「提前解約需賠償 4 個月租金」、「未接電話沒收押金」等條款坑害租客。2018 年經 78 名被害人聯合訴訟，新北地院依誣告罪、詐欺與強制等罪，判處張淑晶 8 年 2 月徒刑。

接著在民國 107 年 6 月 27 日開始實施租賃專法，其中有幾個重點，一個是制定了個人房東所適用非消費關係的租約，也就是應約定不得約定事項，另一個則是包租代管行業證照化。

所以講到這邊，已經出現了兩種版本的租約，一種是企業房東適用的應記載不得記載事項，一種是個人房東適用的應約定不得約定事項。

◎個人房東？企業房東？

那麼第一個問題就來了，為了決定要適用哪一個版本的租約，如何區別房東究竟是企業房東或是個人房東呢？

按照內政部在租賃專法實施前新聞稿的說法，只要反覆實施出租行為，非偶一為之，並且以出租為業，通通都算是企業經營者，所以就算房東只有一個房間出租，只要房客搬走了房東繼續招租，就算是反覆實施出租行為，這就符合企業房東的定義，於是要適用應記載不得記載事項。

於是，坊間有一個說法，當房東只有一個房間出租，第一次租出去算個人房東，所以適用應約定不得約定事項，但第二次招租算反覆實施，立刻又變成企業房東，換成要適用應記載不得記載事項，我認為這樣的說法其實大有問題。

而且，內政部做成新聞稿的當時，租賃專法尚未實施，所以還沒有個人房東適用的應約定不得約定事項出現，而既然現在有了，等於企業房東跟個人房東都有所規範了，內政部區別

企業房東的定義，也應該要做出調整才對。

◎應記載不得記載事項 VS. 應約定不得約定事項

應記載不得記載事項與應約定不得約定事項除了適用對象不同，一個是企業房東，一個是個人房東，究竟在內容規定上有什麼差異呢？這邊必須先明瞭 109 年 8 月 14 日修正前後的差異。

(一) 109 年 8 月 14 日修正前

我們前面提過，出租凶宅要告知一開始只出現在應約定不得約定事項裡，除此之外，應約定不得約定事項還比應記載不得記載事項多了幾項更嚴格的規定，包括：

1. 電費不得超過台灣電力公司夏季用電量最高級距每度金額

2. 房東應出示有權出租的證明文件及身分證

3. 房客也要出示身分證

4. 房客遺留物處理方式明文列入應約定事項

5. 房東同意轉租以及出租人修繕範圍有一定格式

6. 房東與房客提前終止租約事由增加並明定通知期間

除此之外，其他規定幾乎與應記載不得記載事項大同小異。

而且還出現一個很弔詭的現象，個人房東適用的應約定不得約定事項，居然比企業房東適用的應記載不得記載事項在規定上更嚴格，照道理應該是企業房東要適用更嚴格的規定才對。所以本書 109 年 1 月出版時即合理推估，應記載不得記載

事項在不久的將來，應該會修正變得跟應約定不得約定事項更類似才對，果不其然，應記載不得記載事項於 109 年 8 月即做出修正。

㈡ 109 年 8 月 14 日修正後

應記載不得記載事項於 109 年 8 月 14 日修正後，將名稱由「房屋租賃定型化契約應記載及不得記載事項」修正為「住宅租賃定型化契約應記載及不得記載事項」。

關於內容，除了將應約定不得約定事項上列幾項更嚴格之規定納入，其中也包括出租凶宅要告知，針對電費的負擔上限更進一步區別為夏季及非夏季，不能超過台灣電力公司所定當月用電量最高級距之每度金額，原來應約定不得約定事項僅限制不能超過台灣電力公司夏季最高級距每度金額也做出一致性修正，區別夏季及非夏季。

換言之，應約定不得約定事項與應記載不得記載事項，在 109 年 8 月 14 日修正後，內容幾乎像是雙胞胎一樣一致了。

◎包租代管

這樣兩種租約算是說完了，那還有第三種租約咧？沒錯，在講第三種租約前，要先介紹包租代管這個行業。

包租代管是存在很久的行業，而且，向來租屋市場都是"under table" 檯面下，也因此，附隨在租屋市場桌子底下發展的這個行業向來都是鴨子划水，默默耕耘，低調低調再低調，

幾家本來就頗有規模的包租代管公司，像兆基、幸福久久窩，還有我經營的 RED612 揪安心公寓，也許有人聽過，也許有人沒聽過。跟房仲業相比，例如像永慶、信義，應該不會有人沒聽過，所以現階段包租代管業在市場知名度上還差了房仲一大截，隨著政府努力推廣促成包租代管業的發展，未來知名度也會慢慢提升。

包租代管用白話來講，就是二房東的意思。像「張淑晶」就是二房東，而張淑晶也算是創下二房東的歷史了，應該從來沒有二房東的媒體聲量像她那麼高。但這也是因為之前經過媒體大篇幅的報導，才會讓張淑晶惡房東事件廣為人知，在媒體還沒有曝光前，張淑晶也是低調在各地經營，各地受害的房客在之前也是鮮為人知。

就是因為張淑晶事件，個人二房東既無證照，又缺乏保障機制，萬一跟房客產生糾紛，還可以易地經營，到處流竄，政府認知到二房東必須立法加以規範，於是在租賃專法中將包租代管行業納入，兩者合稱租賃住宅服務業，仿照規範仲介代銷業之方式，要求從事包租代管行業必須取得證照，以公司型態經營，而且必須先加入公會繳納保證金，領得登記證才可以營業。

用公司型態經營，跟個人就會有很大的不同，畢竟公司有資產，而且是要長期經營，會注重商譽跟口碑，個人經營一旦

出現問題可能擺爛不管，或者常常有人換了一個名字繼續經營，就當作神不知鬼不覺，但公司的話跑得了和尚跑不了廟，有利於管理，對於房客也比較有保障。

　　更重要的是，從事包租代管業都必須依照租賃住宅服務業營業處所數以及經營規模來繳存營業保證金。

　　一旦發生了可歸責於包租代管業的事由不能履行契約，導致房客受到損害，就由包租代管業負賠償責任。另外，包租代管業對於受僱人執行業務的故意或過失導致房客受到損害，包租代管業應與受僱人負連帶賠償責任。

　　以上二種情形，房客都可以向租賃公會全國聯合會請求代為賠償，只要房客取得對包租代管業或受僱人的執行名義或者經過基金管理委員會調處決議支付的話，可以直接在包租代管業繳存營業保證金及提供擔保總額內，向租賃公會全國聯合會請求代為賠償，較不用擔心會因為沒有財產可供執行而落空。

　　至於包租跟代管，是兩種不同的經營型態。所謂包租，就是業者跟屋主簽長期租約，把房子包了下來，然後再轉租出去。至於代管則不一樣，應該要切成「代租」＋「代管」兩階段。

　　「代租」就是幫屋主找到房客，然後讓屋主跟房客簽約，這是第一階段，之後屋主就將履行租約的部分，例如像交屋、收租金、修繕房屋、到期收回房屋等事項也委託給業者，這就

是「代管」。

附帶一提,因為「代租」+「代管」是幫屋主找到房客,然後幫屋主管理房屋,在幫屋主找房客這部分牽涉到「租賃仲介」,所以需要仲介的證照,之後幫屋主管理房屋則需要租賃住宅服務業證照。至於包租業,因為已經跟屋主簽了長期的租約,之後是以自己當房東的身分跟房客簽約,沒有租賃仲介的行為,所以只需要租賃住宅服務業證照即可。

包租	業者跟屋主簽長期租約,由業者擔任二房東轉租出去	
代管	代租(第一階段)	幫屋主找到房客,由屋主跟房客簽約
	代管(第二階段)	由業者負責履行租約等事宜,包括交屋、收租金等

◎三種租約類型

從以上的對照可以知道,代管業的租約是屋主跟房客的租約,如果屋主是個人房東,這部分就適用個人房東應約定不得約定事項,假設代管的屋主是企業房東,那麼就適用企業房東應記載不得記載事項。

至於包租業是業者自己跟房客簽約,而包租業者一定是企業經營者,那麼,跟房客簽約就適用新制租約也就是企業房東適用的應記載不得記載事項就好了,不是嗎?

錯!租賃專法特別規定,包租業者跟房客的轉租契約書,

其定型化契約應記載及不得記載事項，由中央主管機關定之，所以又跑出另一套租約。喏！第三種租約出現了。

　　第一種租約是「企業房東」使用的應記載不得記載事項，全名為「住宅租賃定型化契約應記載及不得記載事項」。

　　第二種租約是「個人房東」使用的應約定不得約定事項，全名為「住宅租賃契約應約定及不得約定事項」。

　　第三種租約是「包租業者」使用的應記載不得記載事項，全名為「住宅轉租定型化契約應記載及不得記載事項」。

　　所以，房客要根據你遇到房東的不同身分，而適用不同的租約版本。

　　以上這些租約內容，在內政部不動產資訊平臺「契約書範本」(https://pip.moi.gov.tw/V3/G/SCRG0302.aspx) 當中都可以找到，包租業者使用的轉租應記載不得記載事項從民國 108 年 6 月 1 日開始施行，房客在尋找租屋簽約之前，可以到內政部不動產資訊平台先下載來看看內容，保障自己的權益。

　　如果房東拿出來的租約，主要是參照政府版本，那代表是一位循規蹈矩的房東，如果房東的租約內容跟政府版本天差地遠，那就要特別警惕小心了！畢竟政府版本內容主要是保護房客而設計，如果房東用的根本是自己的版本，或者私下把政府版本竄改一大堆，顯然是為了要保障房東自己，那房客也要懂得選擇有利於自己的版本來自我保護才行，前提當然要先清楚

政府租約版本的內容。

政府都已經花費這麼多心力，弄了這麼多套保護房客的租約版本，房客要租屋之前最起碼先看一看吧！要不然怎麼判斷房東的租約跟政府的版本是不是一樣？因此，本書特別把三種租約的內容通通放在書末，方便大家在租屋前參考，簽約時也可以拿出來比對。

關於應記載不得記載事項以及應約定不得約定事項的名稱，如果不是念法律的，可能會覺得很陌生。其實，會用應記載不得記載事項的字眼，那是因為契約雙方，一邊是企業經營者，一邊是消費者，所以必須適用消費者保護法當中有關定型化契約的規定，這是政府為了預防消費糾紛，保護消費者權益，促進定型化契約的公平化，會選擇特定行業擬訂定型化契約應記載或不得記載事項來一體適用。

至於應約定不得約定事項，因為不具備消費關係，例如房客是個人，房東也是個人的情況下，沒有一方是企業經營者，就不適用定型化契約，因此用應約定不得約定事項的字眼來跟應記載不得記載事項做區隔。

除了以上的差別，其實要理解應記載不得記載事項以及應約定不得約定事項，從字面上來了解是最簡單的。所謂應記載跟應約定事項，就是叫你在契約裡一定要這樣規定，如果契約裡少了這些規定，那麼這些應記載跟應約定事項還是會自動變

成契約內容。至於不得記載跟不得約定事項，就是叫你在契約裡不能這樣規定，如果還是這樣規定，那麼這些違反的規定就會無效。

另外要特別注意，縱使房東使用的契約違背了不得記載事項或不得約定事項，通常那也只是違背的這一部分無效而已，只要除去該部分，契約依然可以成立的話，該契約的其他部分，仍為有效。

講到這邊，大家應該已經豁然開朗，知道原來租約不是只有一種，而是分了三種。其實我之前就一再呼籲，站在保護房客易於了解租約內容的立場，應該將租約整合不要分太多種。而歷經 109 年 8 月 14 日修正之後，應約定不得約定事項與應記載不得記載事項，除了名稱不同，內容幾乎像雙胞胎一樣了。當然前面我們也說過，之所以區別對象不同，分別適用應記載不得記載事項以及應約定不得約定事項，那是因為有無消費者保護法適用的問題，那該怎麼辦呢？

如果連上內政部不動產資訊平臺「契約書範本」(https://pip.moi.gov.tw/V3/G/SCRG0302.aspx) 就會發現一個有趣的現象，內政部在 109 年 8 月 26 日推出一個「住宅租賃契約書範本（企業或個人出租通用）」，也就是說，不管是個人房東還是企業房東，通通可以適用。

那問題又來了，前面不是說因為消費者保護法，個人房東

適用應約定不得約定事項，企業房東適用應記載不得記載事項，怎麼又可以整合在一起呢？

　　那是因為政府規定必須遵守的，僅有應約定不得約定事項以及應記載不得記載事項，至於範本，內容相較於應約定不得約定事項以及應記載不得記載事項，多餘的部分說穿了只是僅供參考而已，所以範本才能將個人房東以及企業房東適用的內容整合在一起。

　　所以一定要看到這裡才算完全明白了，租約分三種，除了包租業使用的版本以外，個人房東以及企業房東因為消費者保護法，必須分別遵守應約定不得約定事項以及應記載不得記載事項，可是除了名稱不同，內容幾乎像雙胞胎一模一樣，然後政府又把很像的兩種契約整合成一種，推出個人房東及企業房東通通可以適用的「住宅租賃契約書範本」。

　　以上就是租約目前的現況，畢竟租賃專法實施才二年多，先求有再求好也是可以理解的，期待日後有更簡便的租約規範，讓房客易於瞭解內容，確實保障權益。

② 公證租約的效力

　　簡單講，公證可以省去打官司的麻煩。租屋是很容易發生糾紛的一塊領域，很多房客一定都碰過這樣的問題，當租約到期，把房子乖乖還給房東，沒想到房東居然不肯把押金退給房

客，房客跟房東要，居然得到冷冷的一句回應：「不然你去告我啊！」

如果一個月的租金是 1 萬 5，那兩個月的押金等於 3 萬元，為了這個 3 萬元去打官司，先評估一下基本的費用，請律師一審基本費用是 6 萬元，所謂一審就是從遞起訴狀開始，一直到辯論終結作出判決，就要花 6 萬，這樣就結束了嗎？還沒，如果對方上訴，那就要陪著繼續打官司，又要拿出另一個 6 萬，通常押金的金額不高，二審就終結了。

算一算，律師費最高可能要花 12 萬，卻只是為了要回 3 萬元，值得這樣做嗎？

這好像問小學生都知道划不來，可是也不甘心 3 萬元就被房東吞了，那該怎麼辦呢？

這時候就是公證好用的地方了，只要之前租約有經過公證，而且將押金返還約定逕為強制執行事項，那麼當房東在租期屆滿或者租約終止時，不願意將全部或一部分押金返還，房客可以直接拿著公證書到法院民事執行處請求強制執行，就不用打官司了。

當然也要注意，公證逕為強制執行事項除了房東不願意返還押金這是對於房客有利事項外，也包括對於房東有利事項，諸如房客在租期屆滿後不返還租賃住宅，以及房客欠繳租金、費用等，房東同樣可以持公證書直接對房客執行。

▲如何辦理公證？

公證可以選擇到法院公證處，或者找民間公證人辦理也可以，由出租人及承租人雙方到場，無法親自到場可授權他人辦理，如果是公司，則由負責人到場，或委託代理人辦理，如果有連帶保證人的話，連帶保證人也應到場。

需要攜帶的文件包括到場人的身分證、印章，如果是公司尚須準備公司營利事業登記證、公司變更登記表正（影）本，租賃契約一式三份以上，以及租賃標的所有權狀。

另外，辦理公證須提出房屋所有權狀及最近一期稅單，因為公證費計算是針對租金總額加計押金以及房屋課稅現值加計押金二者取較高者來計算，附加逕行強制執行條款的話，公證費還要再額外加收二分之一。

例如一個月租金 1 萬元，如果公證一年的租約租金總額加計押金就是 14 萬，公證二年的租約租金總額加計押金就變成 26 萬，假設房屋課稅現值是 15 萬，加計押金為 17 萬，那麼公證一年租約就是取房屋課稅現值加計押金比較高的 17 萬計算，公證二年租約就是取租金總額加計押金比較高的 26 萬來計算，公證費的計算可以對照司法院公證費用標準表 (https://www.judicial.gov.tw/work/work06/work06-28.asp)，以前面舉例的公證一年逕為強制執行租約費用為 1,500 元，公證二年逕為強制執行租約費用則為 3,000 元。公證費用通常由房東、房客

各負擔一半，金額相較於打官司的費用，可謂相當實惠。

◎**房屋現值的計算**

依據房屋稅條例第 11 條規定：「房屋標準價格，由不動產評價委員會依據下列事項分別評定，並由直轄市、縣（市）政府公告之：

(1) 按各種建造材料所建房屋，區分種類及等級。

(2) 各類房屋之耐用年數及折舊標準。

(3) 按房屋所處街道村里之商業交通情形及房屋之供求概況，並比較各該不同地段之房屋買賣價格減除地價部分，訂定標準。

前項房屋標準價格，每三年重行評定一次，並應依其耐用年數予以折舊，按年遞減其價格。」

依基隆市簡化評定房屋標準價格及房屋現值作業要點，房屋現值之核計，係以核定單價（元）× 房屋面積 (m²)×（1 －折舊率 × 折舊經歷年數）× 街路等級調整率。本年應納房屋稅額＝房屋課稅現值 × 適用稅率。

由上述可知，房屋稅並不是按房屋造價或市價計算，而是以房屋課稅現值乘以適用稅率計算得來。例如：張先生在基隆市中正區中正路有 1 棟位於 5 樓的鋼筋混凝土造房屋，面積 100 平方公尺，標準單價為每平方公尺 2,800 元，於民國 86 年 3 月建造完成，供自住使用迄今，107 年地段率為 130%，張

先生 107 年度應課徵房屋稅計算如下：

2,800 元 × 100 平方公尺 ×（1 － 1%×21 年）×130%×1.2%
＝ 3,450 元（來源：基隆市稅務局）

房屋課稅現值＝核定單價 × 面積 ×（1 －折舊率 × 折舊年數）× 街路等級調整率（地段率）

核定單價＝標準單價 ×（1 ± 各加減項之加減率）± 樓層高度之超高或偏低價

◎**房屋租賃契約公證應備文件**

(1) 必須得到場的人：

　　出租人（房東）及承租人（房客）。房客如有連帶保證人，連帶保證人亦需到場。

(2) 應攜帶之文件：

①出租人、承租人（包含其代理人）及連帶保證人均應攜帶國民身分證正本及印章親自到場，外國人可帶護照或外僑居留證。

②公證請求書一份。

③房屋租賃契約書，請至少攜帶三份。

④出租人要帶房屋權狀正本（或地政事務所申請之建物登記謄本），如房屋為持分者，共有人須全體共同出租並到場。

⑤出租人要帶最近一期房屋稅單正本（或稅捐機關申請之房屋稅籍證明）。

⑥一方是公司者請攜帶公司變更事項登記卡正本（於三個月內變更者）或主管機關所發之抄本（須為三個月內，為確定最新公司負責人詳細資料，包括身分證號）。

⑦一方是工（公）會、協會者，請額外攜帶法人登記證明文件（立案證書）、負責人當選證書。

(3) 如果本人或法人之負責人沒有辦法到場，可以委託代理人，額外攜帶以下授權文件：

※ 一般人（自然人）的代理人：

「授權書」＋「授權人三個月內之印鑑證明書」，授權書必須加蓋與印鑑證明相同之印鑑章。（連帶保證人不得委託代理，必須親自到場。）

※ 公司或是工（公）會、協會（法人）的代理人：

◎公司代理人攜帶「授權書」＋「公司最新的變更事項登記卡正本或主管機關核發之抄本，皆須三個月內」，授權書必須加蓋與變更事項登記卡相同之公司印鑑章。

◎工（公）會、協會代理人外攜帶「授權書」＋「法人圖記證明正本」（財團法人請帶原登記法院發的印鑑證明），授權書必須加蓋與變更事項登記卡相同之公司印鑑章。

(4) 注意事項：

①出租人及承租人不得授權同一人代理。

②依公證法施行細則第 54 條第 2 項：公證人認為有必要時，得通知請求人本人（包括法人之負責人）到場辦理；本人不到場，得拒絕其請求。

③租賃契約之起始日不得早於公證日，但可以是公證日當天或晚於公證日。比如預定 108 年 10 月 1 日到法院公證，則租約的起始日最早可為 108 年 10 月 1 日或以後任一日。

3 如何避免房東抽換租約？

還記得張淑晶惡房東事件嗎？被害房客表示，原來的租約只有二頁，想不到後來張淑晶拿出來的租約中間居然多出一頁，而且都是重要的內容，例如像是提前解約須付 4 個月租金、不接電話就沒收押租金、出租時有裝修，提早終止租約需再加給 10 萬元等等賠償條款。

房客要避免這種事後莫名多出的「幽靈租約」，其實也很簡單。首先，要求租約一定要有一式兩份，這樣房東手上有一份，房客手上也有一份，日後可供核對。而且要避免任何一方會抽換租約，所以要在每頁的騎縫處加蓋雙方的印章。這樣一來，任一方事後抽換租約，因為少了騎縫章，就會被發覺。

所謂騎縫章，一定要蓋上對方拿不到的章，所以千萬不要只是買制式刻著「騎縫章」三字的橡皮圖章，那種任何人都可以取得的章拿來蓋就沒有意義了。如果簽約時沒帶印章，也可

以用蓋指印的方式來替代。

　　另外，租約內容有任何修改，也要雙方蓋章或蓋指印，這樣一來，如果有一方擅自修改租約內容，因為少了對方的印章或指印，就可以輕易辨識。

4 房東本人或仲介簽約之差別

　　在租賃市場，有房東自租跟委託仲介代租兩種情況，通常在租屋廣告上很容易區別，有特別標示「屋主聲明：仲介勿擾」的，就是屬於房東自租，至於仲介代租，則會標明經紀業者的名稱。

　　兩者最大的差別，房東自租不用收服務費，但如果是透過房仲代租，假如是簽一年租約，通常仲介會跟房東收半個月租金，同時也會跟房客收半個月租金，租約簽二年以上，則會跟房東收一個月租金，房客還是維持收半個月租金。房客也可以詢問帶看的人：「有沒有收服務費？」就可以判斷是否為房東自租。

　　在這邊要特別釐清一點，法律並未限制房東一定要是屋主本人，所以假設兒子拿媽媽名下的房子來出租，只要媽媽同意的話，那兒子也算是房東自租；包租業者雖然不是屋主，但已經跟屋主長期包租，再將房屋轉租他人，這也算是房東自租。

　　如果房東就是屋主，房客可以要求屋主出示所有權狀或是謄

本來證明。如果像是兒子拿媽媽的房子來出租，就應該要出示媽媽的權狀還有同意書來證明。至於包租業者轉租房屋，房客可以要求出示跟屋主簽定的租約以及同意轉租的同意書來證明。

針對轉租，租賃專法特別規定，轉租人一定要先經過房東書面同意，才可以轉租住宅的全部或一部。而且，當轉租人在簽訂轉租契約的時候，應該向次承租人提供房東同意轉租的書面文件，並在轉租契約中載明其與房東租賃標的範圍、期間及得終止租賃契約之事由。轉租人還要在簽訂轉租契約後三十日內，用書面的方式通知房東。

這當中要特別注意的，就是包租業者跟房東的租約期限還剩多久？簽約時間不能比包租業者剩餘的租期更久，否則將來可能被原屋主趕走。例如房東跟包租業者的租約在今年 12 月 31 日到期，結果房客跟包租業者竟然簽租約到明年 6 月 30 日，超過 12 月 31 日的部分對屋主而言都是違法轉租，屋主可以主張無權占有，請房客搬遷。

至於如果是仲介代租，可以請求仲介出示屋主出具的委託書或其他有權出租的證明文件。

簽約前一定要確實查驗各項有權出租的權利證明，才不會被騙走租金、押金，落入租屋詐騙的圈套。

5 房客未成年可否簽約？

　　民法上成年是指 20 歲，成年就有完全行為能力，至於 7 歲以上未滿 20 歲，稱為限制行為能力人。原則上限制行為能力人從事法律行為，應該要得到法定代理人，通常也就是父母的同意，沒有得到法定代理人允許所訂立的契約，要經過法定代理人的承認，才會發生效力。

　　可是我們想一想，像國中生出門搭公車刷個悠遊卡，這也算是法律行為，難道都要得到父母同意才生效？真的這樣子的話，顯然很不實際。因此，法律有特別規定，如果是純獲法律上利益，或者依限制行為能力人年齡及身分、日常生活所必需的話，就例外可以不用得到法定代理人允許。

　　那麼問題來了，租房子算不算是依限制行為能力人年齡及身分、日常生活所必需呢？比如說，高中畢業考上南部的大學，因為學校宿舍床位不夠必須在校外租房子，18 歲當然還是限制行為能力人，根據他是大學新鮮人的身分，為了求學租個月租幾千元的房子應該可以算是日常生活所必需，但假如租個月租十幾萬的豪宅，那顯然就不算是日常生活所必需，這時候就要得到法定代理人允許了！

6 房東可否要求房客提供身分或財力證明？

　　當房東，一定要確認房客的身分，尤其是簽租約時，一定要房客在租約上，把姓名，身分證字號以及戶籍地址寫清楚，

同時要核對身分證資料，看看是否相符。否則，總不能隨便寫個金城武或林志玲就相信吧！

這在過去的法規上並沒有硬性規定，但是目前在個人房東使用的應約定不得約定事項裡，已經明文規定，房客應該要讓房東看身分證明，同時，房東也應該讓房客看身分證明。在包租業者使用的轉租應記載不得記載事項當中也有規定，包租業者應出示租賃住宅服務業登記證影本供房客核對，房客在簽租約時，也要出示身分證供包租業者核對。

我曾經碰過一個案子，房東被房客積欠租金二個月以上，依法房東要先催告房客繳租金，逾期不繳，房東就可以終止租約。而催告最簡單的方式就是用存證信函，一式四份，包括郵局存底一份，自己留一份，一份寄到房客的戶籍地，一份寄到房客租房子的地址。當事人居然告訴我，沒有戶籍地址，我問說，怎麼可能會沒有戶籍地址，租約上有寫啊。結果當事人說，房客當初直接寫租房子的地址，而且他根本沒核對房客的身分證。

我的天啊！那如果房客當初簽名跟身分證號碼都是假的，那不就成了「幽靈房客」，搞不好連房客是誰都找不到，所以房東要求房客提供身分證核對也是合理的。

至於房東要求房客提供財力證明，這在法律上也沒有禁止規定，所以一旦房東如此要求，那就看房客願不願意選擇跟這

樣的房東租房子了。

　　話說回來，房東真的跟房客要財力證明，其實也不是太聰明的作法，因為這樣可能會引起房客的反感，畢竟只是租個房子，又不是要相親，幹嘛弄得好像要身家調查。

　　有些房東的作法比較聰明，房子先開一個租金例如 15,000，再另外註記如果房客是公務員、師字輩或者在百大企業上班，租金就可以便宜算 14,000。應該沒有人明明符合可以租 14,000 的資格，卻硬要租 15,000 吧！所以符合資格的房客自然會主動表明身分，這比硬性規定要別人拿出財力證明，顯然是比較好的作法。

　　另外，想要測試房客的財力，房東自有辦法，當房客看中意房子要簽租約時，房東會要求房客一次給付一個月租金加二個月押金，房客能夠一次拿出手的，代表房客的經濟能力還不錯。

　　所以囉，房客可以自行選擇要跟怎樣的房東租房子，至於碰上了太苛刻刁難的房東，不租也罷，那也是房客的權利啊！

7 付訂金後房東或房客反悔怎麼辦？

　　在找租屋時，房客先付訂金，保留一段時間有優先租屋的權利，這是很常見的。其實，訂金在法律上正確的用語是定金，但坊間多使用訂金，所以本書也按照通俗的用法稱為訂金。

　　付出訂金，將來如果簽約，訂金會被當作是押金、租金的一部分，但將來如果沒有簽約，就要看是因為誰的原因沒有簽成，而有不同的處理方式。

　　如果是因為房客反悔不租，訂金則會被房東沒收，因為這時候有錯的人是房客，反之，如果錯在房東，是因為房東反悔不租，房東就應該把收到的訂金加倍返還給房客。

8 交付押金、租金要憑證

　　通常頭一回跟房東簽租約，二個月押金及首月租金均在當場以現金交付房東，付了錢要有憑有據，要求房東一定要在租約裡載明已簽收，而且要將一份租約交給房客留存。

　　當然，現在網路匯款也很方便，用手機就可以即時匯款，匯款當然會留下記錄，但是一定要注意直接匯到房東的戶頭，而不要匯到其他第三人的帳戶，以免衍生糾紛。

　　之後每個月繳納租金，大多是用匯款的方式，過去房客每次匯完租金，還要跟房東回報末五碼，然後請房東確認，非常麻煩。

　　現在使用匯款付租金已經非常進步，甚至在同一個銀行帳戶下還可以設定虛擬帳號，房東可以按照每個房客不同的門牌地址，幾段幾號幾樓，第幾個房間，用程式編列不同的虛擬帳號。

　　例如信義路二段 23 號 2 樓 C 室，虛擬帳號就是 1234-02-023-02-03-5，1234 是公司帳號編碼，02 就是二段，023 就是門牌 23 號，02 就是 2 樓，C 的排列前面還有 A 跟 B 所以是 03，最後一個 5 是按程式隨機出現的檢核碼。

　　這樣一來，每個房客都有自己一組虛擬帳號，即便租金相同，房東也可以辨識哪一位房客有繳租金，哪一位房客沒有繳租金，通通一清二楚。

　　銀行的交易帳目清楚，凡走過必留下痕跡，也就是說，金流證據一清二楚，所以租金用匯款的方式，對房客而言，是最有保障，也是最便於查詢確認的方式。

⑨ 水電瓦斯怎麼算？

　　租房子，除了租金之外，其他的費用怎麼算？像張淑晶就是使用電卡，每次儲值一千元，可是房客老是覺得用不了多久，又要儲值，光電費就花了好多錢，因此衍生了糾紛。所以租屋，水費、電費、瓦斯費怎麼算，也是一門大學問。

　　獨立門牌的套房，因為有獨立的電錶、水錶、瓦斯錶，所以自己使用多少，就按照帳單繳納，最便利計算。

　　至於分租套房，使用電力，通常房東會自行再加裝分錶，這時候就會產生一度電要用幾元計費的問題。

　　台電並不是統一一度電收多少錢，而是採用差別費率，當

同一戶用的總度數越高，計費標準也隨著提高。所以，當一間公寓隔出好多間套房，有那麼多臺冰箱、冷氣、電視、洗衣機一起用電，加總在一起的度數就會非常可觀，每度的計費標準也會因此提高。

房東與房客之間，因為電費計算標準產生爭議屢見不鮮，所以在新制租約應記載事項當中便明文規定，電費的計算標準要在租賃契約中載明清楚。

每月用電度數分段（非營業用）	夏月（6月1日至9月30日）	非夏月（夏月以外時間）
120 度以下部分每度	1.63 元	1.63 元
121～330 度以下部分每度	2.38 元	2.1 元
331～500 度以下部分每度	3.52 元	2.89 元
501～700 度以下部分每度	4.8 元	3.94 元
701～1000 度以下部分每度	5.66 元	4.6 元
1001 度以上部分每度	6.41 元	5.03 元

（台電計費標準）

　　通常，分租套房一度電收費 5 元是最常見的，但是也有房東收費更高，一度電收費 7 元，8 元，甚至說得誇張一點，既然新制租約只要求將電費收費標準載明清楚，那一度電收費寫 15 元，房東、房客一個願打一個願挨，這也算符合規定，但這樣對房客公平嗎？

　　當然不公平啊，因為台電就算用夏季電費最高級距去算，一度電不過也才 6 點多元，換言之，無論公寓隔成分租套房再多間，用電總度數再高，一度電最高不過也才 6 點多元，房東一度電收 15 元，那真的是賺到翻過去了。當然，一度電 15 元是比較誇張的說法，但只要收超過 6 點多元的，其實都在賺房客的電費，可以稱為「小台電」了。

　　所以，隨著租賃專法實施，包括個人房東適用應約定不得約定事項，以及企業房東適用應記載不得記載事項，均已明文規定，每度電收費不能超過台電夏季以及非夏季電費的最高級距，避免房東超收電費，保護房客權益。

　　相較於電費，水費跟瓦斯費通常會便宜很多，而且也很少會安裝水分錶或瓦斯分錶，所以通常分租套房水費是由房東吸收，瓦斯費也有可能內含在租金內，或者按人頭平均負擔。

　　至於分租雅房的情形跟分租套房類似，就看房東有沒有安裝電的分錶，如果有安裝，也是會有一度電收費多少的問題，但是相較於分租套房，分組雅房有更高的比例是沒有安裝電分

錶，而是依台電帳單按照人頭平均負擔。

此外，有些出租物件會有共用部分，例如像客廳，廚房等等，那麼即便每個房間有裝電分錶，公共空間的電費還是要按人頭平均分攤。

而且，這樣的情形下往往也容易產生爭執。例如有房客偏偏不待在房間吹冷氣，因為那要完全自己負擔，於是老是跑到客廳吹冷氣，電費會由大家一起分攤；或者有房客想既然公共空間電費是大家一起分攤，那自己負擔的部分也沒多少，於是就開始產生浪費，使用完客廳冷氣卻沒有隨手關閉。

為了克服以上的問題，我見過有房東突發奇想，就像洗衣機投幣一樣，把客廳冷氣電源也接上投幣機，要使用的人自己投幣，秒數倒數計時開始就通電，等到時間用完就跳電，然後要繼續使用請繼續投幣。

一來使用者付費，很公平，二來時間到了自動跳電關閉，絲毫不浪費，是個蠻聰明也挺有趣的方式。

⑩ 仔細檢查細節很重要

決定要不要租屋之前，一定要仔細檢查各項細節，千萬不要貿然簽下租約，畢竟簽約之後就要承擔法律責任，一切應該在簽約前看清楚。

首先，要確認房屋的實況跟照片有無不同，不能光看照片

就決定租屋。畢竟，真的有詐騙集團，就是故意放上美美的照片，目的是為了騙取租金跟押金，結果事後查證不但招租的房子是假的，連照片都是從網路上直接抓國外的照片。

另外，房子也許是真的，但是跟照片存在一定程度新舊的落差。房東帶看的技巧，一定會放上房子漂亮裝潢，而且是精心布置以後拍的照片，通常那是一開始裝潢好之後拍的，以後每次房客搬走了，重新帶看，用的其實是同一組照片，可能過了好幾年都沒有換。

即便政府租約版本要求廣告跟房子要一致，不能有不實廣告，但房子真的有，只是舊了點，也不能說是不實。所以一定要記得，租屋廣告的照片只能當參考用，一切還是要以實際屋況為準。

像我自己當了十幾年的房東，也在文大推廣部教授包租公的課程，對於房子如何裝潢、布置美化、拍照，我當然也是駕輕就熟。常常有房客光看了我刊登租屋廣告的照片，就決定要跟我簽約了。

一般房東可能很開心馬上就簽約了，但是我都會叮嚀房客，一切等來現場實際看了房子再說。倒不是說我的房子跟廣告照片不一樣，而是之前有房客住過了，一定會留下一些生活過的痕跡。

例如，沙發扶手靠牆壁的地方，一定會有一塊稍微灰灰的

顏色，那是常常坐下來順手揮過去留下的痕跡，但是又還沒到需要重新粉刷的程度。類似這樣的情況，如果房客看了美美的照片直接簽約，一到交屋要求完全根據照片重新復原，那對房東來說也是麻煩，倒不如等來看過實際的屋況再做決定，才不會衍生糾紛。

還有，房子不能金玉其外，敗絮其內，要好好檢查屋況，並確認各項設備家具是否完好，可以使用。

檢視屋況有無漏水、自來水流量大不大，馬桶沖水是否正常，排水有無堵塞，消防管線是否因為裝潢美觀遭到破壞，此外也包括房屋本身採光、通風、隔音是否良好。除了房子本身，也可以在周遭巷弄附近逛逛繞繞，看看是否會有噪音，有無嫌惡設施以及生活機能是否方便。

11 租金有上限嗎？

租約裡面最重要的租金金額，究竟是房東說了算，還是法律有一定的上限呢？

不說可能很多人不知道，都以為租金是房東一個人說了算，其實在土地法裡針對租金上限有明文限制，城市地方房屋的租金，不能超過土地以及建築物申報總價年息 10% 為限，超過的話，直轄市或縣（市）政府「得」依據標準強制減定之。

但大家也知道，政府裡都是公務員，「得」依據標準強制

減定之的意思是說，減定也可以，不減定也可以，在公務員多一事不如少一事的心態之下，選擇不減定的機率比較高，所以數十年來，政府根本都沒有落實這個條文，導致市場上租金看起來都是房東說了算的現象。

尤其這次租賃專法實施，規定租賃住宅租金，由房東與房客約定，不適用土地法第 97 條也就是租金上限的規定，所以租金真的變成房東說了算。因此，房客更要懂得租金行情，才不會誤上賊船啊！

12 押金有上限嗎？

租賃專法及政府版本的租約均明文規定，押金金額，不得超過二個月之租金總額。所以簽立租約時，通常要付一租二押，也就是一個月的租金，跟二個月的押金。

但是要特別注意，不管是新制租約或是租賃專法，適用的房屋用途，都只有限制在房屋是由房客作為住宅使用，如果租房子是要當成店面或開公司使用，那麼就不在適用的範圍內，也就是說，租給店面或公司，不適用新制租約或是租賃專法，所以要收三個月的押金也是可以的。

那作為住宅使用的租賃如果收超過二個月的押金怎麼辦呢？依法這時候房客有權利將多付的押金拿來抵付房租。例如付了三個月的押金，當入住滿一個月須要付房租時，可以寫一

張存證信函告知房東，當初簽約時多付了一個月的押金，現在要以多付的押金抵付一個月房租，房客就算已經把租金付了而沒有積欠租金。

押金的目的是房客為了擔保租賃住宅損害賠償行為，以及處理遺留物責任，預先支付的金錢。所以，當租賃契約消滅，房客已經將租賃住宅返還並且清償租賃契約所生的債務後，房東就應該要返還押金，或者將抵充債務後的賸餘押金還給房客。

13 租屋族設戶籍

設戶籍對每個人來說都非常重要，尤其我的本業是律師，更是看過許多人沒有將戶籍地遷到現住地，也就是沒有住在戶籍地，以致發生了嚴重的問題。

因為只要是訴訟，法院程序上都會請原告領一份被告的戶籍謄本，然後對被告的戶籍地寄送通知。所以只要人住在戶籍地，就一定收得到法院寄的通知，但是人如果沒有住在戶籍地，當然就收不到法院通知。這時候，法院可以進行公示送達，將通知登載於報紙上經過一段時間就發生送達的效力。

換言之，沒住在戶籍地的人即便沒有收到法院通知，但在法院進行公示送達後，就當作已經「被通知」了。但實際上根本沒收到通知，也不太可能剛好看到報紙上法院登載的公告，

所以根本不會去開庭。

　　法院的案子可不能因為被告沒來就懸而未決，這時候原告可以請求一造辯論判決，也就是說，就算被告沒來，法院也可以直接判決。

　　什麼，被告沒接到通知，也沒來開庭，法院也可以判決？沒錯，所以沒住在戶籍地，問題是很嚴重的。

　　像有婦女因為遭受家暴的問題離家，也沒有把戶籍地遷走，結果老公跑到法院去，主張是太太自己無故離家，惡意遺棄。法院把通知寄到太太的戶籍地，想當然耳太太是收不到的，之後就公示送達，一造辯論判決，然後就判決離婚。

　　你看，因為人沒有住在戶籍地，所以連「被離婚」了都不知道。

　　而房客是租房子的，如果租了房子以後，不能把戶籍遷到租屋處，就有可能發生以上的問題。因此，新制租約便規定，不得約定承租人不得遷入戶籍，讓房客可以將戶籍遷入租屋處。個人房東使用應約定不得約定事項以及包租業者適用之住宅轉租定型化契約應記載及不得記載事項中，亦為相同之規定。

　　而房東之所以不願意讓房客將戶籍遷入，最大的原因，是會造成稅金增加。

　　首先，房屋有出租的事實，房屋稅算非自用住宅，適用

1.5%〜3.6% 稅率，不能適用 1.2% 自用住宅優惠稅率。

地價稅差更多，自用住宅地價稅為千分之二，非自用住宅地價稅為千分之十，一下就差了五倍。

另外，交易稅因為是非自用住宅，所以就沒有持有居住六年，獲利 400 萬以內自用住宅免稅的優惠。

還有，房東將房屋出租有租金收入，每年應報租賃所得稅。

所以可別小看區區一個遷入戶籍的動作，房東因此房屋稅、地價稅、交易稅及所得稅均受影響。

但既然政府版本租約均規定，不得約定承租人不得遷入戶籍，也就是房客可以把戶籍遷入租屋處，房客就應該懂得爭取自己的權益。

14 租屋族應該有的報稅優惠

講到房客報稅，那可是挑動房東最敏感的神經，因為只要房客這端報稅，國稅局一勾稽起來，房東那端就會被查稅，要是房東沒有報稅，那可就要被請到國稅局喝咖啡了。

▲約定由房客負擔因報稅增加的稅金可以嗎？

如果房東跟房客約定不能報稅，這不用說，一定是違法的。既然不能跟房客約定不能報稅，過去就有聰明的房東換成另一套做法，在租約裡規定，房客可以報稅，但因為房客報稅

導致房東所得稅增加的部分，要由房客負擔，這是所謂稅金的轉嫁。

雖然沒說房客不能報稅，可是增加的稅金要由房客負擔，哪還有房客敢報稅，一樣達成房客不能報稅的目的，如何，高招吧！

但是這樣的高招以後再也不能施展了，因為 106 年 1 月 1 日開始實施的新制租約裡頭不得記載事項已經明文規定，不可以約定房客不能申報租賃費用支出，同時也規定，不能約定房東應該要負擔的稅金若增加，由房客負擔。也就是說，限制房客不能報稅違反不得記載事項規定，把稅金轉嫁給房客同樣也違反規定。

關於不能限制房客報稅以及不能將租稅轉嫁由房客負擔，在個人房東適用的不得約定事項以及包租業適用的住宅轉租定型化契約不得記載事項當中也有同樣的規定。因此，房東除了不能限制房客報稅，再也不能將租稅轉嫁由房客負擔了。

所以，房客有權申報全年度的租金支出作為列舉扣除額項目，這是房客節稅的權利，但要注意只有租用非供營業或執行業務使用之房屋，才能列舉扣除。

房客要報稅也很簡單，在個人綜合所得稅列舉扣除額項目當中，有「房屋租金支出」這一項，每戶每年上限為 12 萬。房客要提出租賃契約書、租金付款證明影本，例如房東簽收的

收據，自動櫃員機轉帳交易明細或匯款證明，另外還需要設籍租屋處證明或承租是自住使用的切結書，這樣租金就可以列舉扣除。

▲房東逃漏稅可處罰鍰

前面說到當房客有報稅，房東卻沒有報稅，可能會被請去國稅局喝咖啡這可不是開玩笑的，因為我從事律師業務，就遇過民眾拿著國稅局的公文來詢問。

國稅局的公文說，有某君列報承租某某地址的房子，並且提出台端跟某君簽的租約當佐證，是請惠予說明台端收取租金金額、每月租金金額、某某某給付租金方式，並提供收取租金相關資料供核。

明眼人一看應該就知道這位台端應該是房東，而某君是房客，所以這極有可能是因為房客申報租金支出，或者根本是房客檢舉房東逃漏稅而引起國稅局調查。

說實在話，房客把租約都提供了，上面有房東的簽名，而租金支付通常也不會還用古早人收現金的方式，如果用匯款的話，銀行的金流也相當明確，這樣的逃漏稅案例可以說是罪證確鑿。所以國稅局還要這位房東說明收取租金的金額，我看那根本是多講的。

房東逃漏稅，除了補稅，還得面臨罰鍰，一定要特別當心。

▲房東的租稅優惠

　　政府為了鼓勵房東將房屋委託給代管業或出租予包租業轉租，在租賃專法中特別給予房東租稅優惠。要享有優惠的前提是個人住宅出租才有適用，如果是公司所有的住宅出租則不適用，而且租約必須約定供居住使用一年以上，依租金金額不同，適用不同的租稅優惠：

一、出租期間每屋每月租金收入不超過新臺幣 6,000 元部分，免納綜合所得稅。

二、出租期間每屋每月租金收入超過新臺幣 6,000 元部分，其租金所得必要損耗及費用之減除，住宅所有權人未能提具確實證據者，依下列方式認列：

（一）每屋每月租金收入超過新臺幣 6,000 元至 20,000 元部分，依該部分租金收入 53% 計算。

（二）每屋每月租金收入超過新臺幣 20,000 元部分，依該部分租金收入按所得稅法相關法令規定之減除標準計算，也就是依該部分租金收入 43% 計算。

　　租約必須約定供居住使用一年以上的認定基準如下：

一、個人住宅所有權人委託租賃住宅代管業管理者：簽訂委託管理租賃住宅契約書與租賃契約書約定之委託管理及租賃期間均達一年以上。

二、個人住宅所有權人出租予租賃住宅包租業者：簽訂租賃契

約書約定之租賃期間達一年以上。

至於租稅優惠每屋的認定基準如下：

一、經戶政機關編釘門牌者：每一個別門牌。

二、未經戶政機關編釘門牌者：每一房屋稅籍證明所登載的範圍。

所以如果是一層公寓隔成五間套房，只能算成一戶，而不是算成五戶。

還有，要特別注意租金所得稅優惠的規定並非永久，實施年限只有五年，在年限屆期前半年行政院可以視情況延長，但也只有一次為限。

另外，租賃專法同時規定，直轄市、縣（市）政府應課徵之地價稅及房屋稅，也可以適當減徵。減徵的期限、範圍、基準及程序之自治條例，由直轄市、縣（市）主管機關定之，並報財政部備查。

關於地價稅及房屋稅減徵的規定，同樣實施年限也只有五年，在年限屆期前半年行政院可以視情況延長之，並以一次為限。

看屋檢查表

外部環境

☐ 附近是否有便利商店或超市？

☐ 附近是否有自助餐、小吃店或速食店？

☐ 是否鄰近捷運站或公車站？

☐ 大門是否有隨手關門？

☐ 走道是否有堆放雜物或垃圾？

☐ 布告欄是否有張貼社區管理負面訊息？

☐ 進入社區管理員是否確實查核身分？

內部環境

☐ 房屋坪數？

☐ 房屋坐向？

☐ 是否有對外窗？

☐ 有無獨立曬衣空間？

☐ 有無滲漏水或壁癌？

☐ 是否曾發生兇殺、自殺、一氧化碳中毒或其他非自然死亡之情
　事？

☐ 電燈關閉採光是否良好？

□ 冷氣關閉通風是否良好？

□ 各項家電是否功能正常？

□ 各項家具有無損壞？

□ 每顆電燈是否都會亮？

□ 網路連線是否順暢？

□ 自來水水量是否正常？

□ 排水是否暢通？

□ 馬桶有無堵塞？

□ 使用電熱水器或瓦斯熱水器？

□ 若是瓦斯熱水器，安裝於室內或室外？

□ 若是安裝於室內之瓦斯熱水器，有無強制排氣？

租金條件

□ 租金多少元？

□ 押金多少元？

□ 電費如何計算？

□ 水費如何計算？

□ 瓦斯費如何計算？

□ 網路費如何計算？

□ 第四台費用如何計算？

□ 管理費如何計算？

第 章

履行租約注意事項

當房東、房客針對租金、租期等各項條件達成一致的共識之後，租賃契約就已經成立了，通常會簽立書面契約，由房東、房客各留存一份，從這時候開始，雙方就要履行租賃契約的權利義務，例如房客應該按時給付租金，而房東則必須提供租約裡約定的房子給房客使用，而且在租賃關係存續當中，都必須保持可以使用的狀態。

那麼，租約履行有什麼需要注意的重要事項呢？

1 讓房東履行修繕義務大絕招

關於修繕，應該是所有租屋問題裡最容易引起房東跟房客不愉快的一件事。東西明明就壞了，房東要嘛當隱形人置之不理，要嘛拿一些理由來牽拖，這樣的事情還真的屢見不鮮。

像是房子下大雨漏水了，房東說又不是天天下大雨，但重點是房子確實會漏水，不然下再大的雨也不會漏 OK ？馬桶不通查也沒查，就說一定是房客亂丟東西，後來又說是房客大便太硬，這都還不是最離譜的。

有房客在客廳坐著看電視，突然聽到「砰」好大一聲，居然是天花板掉下來一個大石塊，這可是比災難片還恐怖，房客當然馬上打電話給房東，房東一開始緊張兮兮的問：「有沒有砸到人？」房客回答沒有，房東才鬆了一口氣。想不到房東這時候跟房客說，既然石塊已經掉下來了，應該就不會再掉下來

了，房客回答房東：「可是房東，天花板那個黑黑的洞我看了會怕！」房東居然回答，你不要看就不會怕了！

如果是天花板會掉落石塊，合理的推測，應該是海砂屋，這次掉下來 10 塊，下次可能會掉 5 塊，哈哈，這是開玩笑的！但人命可不是開玩笑的，如果是海砂屋，水泥就是會不停地剝落，萬一砸到人可是會出人命的。這個不光只是修繕的問題，如果出租的房子有瑕疵，會危害到房客或是同住人的安全或健康時，房客有權利可以提早終止租約。

我記得惡房東張淑晶事件爆發，起因就是張淑晶一間位在新莊出租的房子，馬桶堵塞了，結果張淑晶長期拖延不修，人每天都要吃飯大便，馬桶不通這可如何是好，雖然有句廣告臺詞說，「全家就是你家」，但也總不能天天去全家便利店解決大小號吧！於是這位房客馬同學再也受不了，寫了一篇長長的文貼在 PTT 上，之後這篇文章引爆一連串新聞追蹤報導，張淑晶惡房東的新聞鬧得滿臺皆知，也可以說是一顆馬桶引爆了張淑晶事件。

所以要知道，東西壞掉不修繕，那可會是一件非常困擾的事情！

難道，馬桶不通，就一定要等著房東來修，而房東一直擺爛，房客就要等到不知道何年何月嗎？No！No！No！法律上有保障房客的規定跟作法。

　　首先，要先釐清壞掉的東西是誰要負修繕的責任。

　　原則上，除非房東房客之間針對特定項目有特別約定，否則，通通要由房東負起修繕的責任。租賃專法明文規定，房東應該在簽訂租賃契約前，向房客說明由房東負責修繕項目及範圍，並且要提供有修繕必要時的聯絡方式。

　　所謂針對特定項目，例如房東房客約定消耗品由房客自行負責，其餘由房東負責修繕，這樣一來，只要是消耗品壞掉了，就得由房客自行修理，不能再找房東負責了。消耗品也就是隨著使用的時間，會自然耗損的物品，例如像一般人熟知的燈管、燈泡之外，馬桶水箱裡面的止水皮，其實也算是消耗品。

　　那麼，房東房客可以約定所有物品修繕通通由房客自行負責嗎？當然可以，這樣也算房東房客間有特別約定。所以我要提醒房客，這樣的條文一簽下去，以後東西壞掉通通只能由房客自行修理，一定要特別小心。

　　話說回來，這天底下有那麼多出租的房子，房客給租金，東西壞了由房東負責修理，這也都是天經地義，通常是店面之類因為是由房客自行裝潢整修房屋，才會約定由房客負責修理。至於一般作為居住使用的房子出租，怎麼會有房東會寫全部由房客負責修繕？更讓人好奇的是，對於房客如此不公平的條款，怎麼會有房客同意還簽名？

　　房客要注意千萬別當「盤子」，碰到要求房客負責所有修

繕的房東，趕快找其他的房子租吧！

　　話說回來，對房客不公平的契約，房客還真的簽了名也不少見，通常是因為房客當初簽租約時，內容看也沒看就簽下去了，等到之後要請房東修繕時，房東說：「麻煩你看一下租約喔，上頭房客負責全部修繕責任寫得清清楚楚」，房客這下才發現已經上了賊船，那也來不及了，只好摸摸鼻子，自己租的房子自己修。

　　好了，那先弄清楚修繕責任由房東負責的項目，下一步又該怎麼做呢？

　　難道通知房東修理之後，只能看好運歹運，靜候房東處理嗎？當然不是，如果是應該由房東負責修繕的項目，房客應該要訂一個合理的期限，催告房東修繕，假如房東沒有在期限內修繕的話，房客有三種權利，第一，既然已經通知房東，房東還逾期不修，那房客就可以自行請人修繕，費用請求房東償還。你會說，房東怎麼可能會乖乖把錢拿出來，那第二招就可以派上用場，修理的費用可以直接從租金中扣除。最後一招，如果房東不修繕導致難以居住的話，房客還可以提前終止租約。

　　所以要知道，這個事先催告的效力是很強的，為了要留下明確的證據，不要用口頭的，也不要用 Line 或 email，應該要用存證信函的方式。存證信函可以到郵局購買，或者到中華郵

政全球資訊網下載電子檔。

　　另外，為了避免修繕的費用產生爭議，比如說，房東可能會抗議，為什麼換個水龍頭要花800元，500元就可以搞定啊！所以房客在決定修繕廠商前，最好可以多找幾家，事先比價，找一個金額合理的廠商來修繕，可以避免發生爭議。

　　所以，馬桶壞掉就非得一個月不能拉屎嗎？不會啊，發個存證信函通知房東，馬桶壞掉了，限你函到三日內修復，拖到第四天房東還不修，房客就可以自己請廠商來修，頂多也一個禮拜就搞定了。

　　講到修繕責任，同時一定要考慮到房東住的遠近，因為東西壞了，房東總是要請人或自己來看一趟，房東住得近一點會方便一些，假如租個高雄的房子，結果房東住臺北，那恐怕時間就有得拖了。

　　那房東住越近越好嗎？當然不是，比如說房東就住在樓上樓下，除非你是想多找一個人來管你，否則最好不要。房東住得太近，難免管東管西，就算房子是用租的，回家也想有個隱私，誰想被監視還管一大堆有的沒的。

　　要兼顧維修速度跟隱私，房東最好是住的有點遠又不會太遠。

　　所以房客在租房子的時候，不妨跟房東聊聊天，問問房東自己住在哪裡，一定要考慮房東住處跟租屋處的距離喔！

　　租賃專法同時也規定，房東為修繕租賃住宅所為的必要行為，房客不能拒絕，也就是房客有配合房東修繕行為的義務。

2 房客可以換門鎖嗎？

　　同一個房子裡，住過的房客是代代相傳的，也就是前一個房客搬走，接著下一個房客搬進來，住過的房客不知道有多少個，而街頭巷尾刻印章打鑰匙的店又那麼多，誰知道前房客打了多少備份的鑰匙，有沒有通通還給房東。之前還真的發生過，前房客持備份鑰匙潛進已經退租的租屋處偷竊的事件。

　　另外，房東有備份鑰匙也很困擾，誰知道房東會不會偷偷進來檢查房間，所以房客的確會有想要換門鎖的動機。

　　基本上，房東已經把房子租給房客了，在租賃期間內，房客擁有使用權，所以要換門鎖當然是可以的，不用經過房東同意就可以換門鎖，只是舊門鎖依然是屬於房東的財產，所以當房客把門鎖換下來之後，不能把門鎖丟棄，等到租約到期要搬走的時候，房客必須將新門鎖拆下，再將屬於房東的舊門鎖裝回去，然後再把房屋返還給房東。

　　那老是要保留一個舊門鎖不是很麻煩嗎？的確是，所以房客應該可以跟房東商量，告知房東是否可以將舊門鎖丟棄，將來直接以新門鎖的現況返還給房東，如此一來，就可以省掉保管舊門鎖的麻煩。

那換了門鎖之後，有必要將一份備份鑰匙交給房東嗎？既然在租約期間內，房客擁有租屋的使用權，所以解釋上房客是不用把備份鑰匙交給房東的。

③ 房客可以自己裝潢房屋嗎？

現代的人都活得很有自己的個性，每樣東西都要有屬於自己的味道，所以連同住的地方也是一樣，也要擁有自己獨特的風格。

由房東自行裝潢的東西，房客未必喜歡，雖然租的房子很多，但屋海茫茫，也未必能夠找到自己喜歡的裝潢，於是，有的房客會想要把房子裝潢成自己喜歡的風格。

尤其房價多年來漲多跌少，長期下來房價越來越貴，導致很多人買不起房子，只好選擇租屋，既然這樣，租房子又想要擁有自己的風格，由房客來裝潢房子應該會是一個新的趨勢。

但是房客租房子只有使用權，畢竟房子的所有權還是屬於房東的，所以租約裡通常會有這樣一條規定，也就是房客裝潢房屋，必須先經過房東的同意。換言之，如果房客沒有經過房東同意，就自行裝潢房屋，對於房東而言，那就跟破壞房屋沒什麼兩樣，這樣等於房客違反了租約，房東是可以提前終止租約的。

所以房客一定要記得，裝潢之前一定要先取得房東同意，

在房東同意之後，不但不會違約，房客裝潢房子等於是對租屋支出有益費用，增加了租屋處的價值，在租賃關係終止的時候，還可以要求房東償還費用。

房客裝潢沒經過房東同意算違約，經過房東同意，還可以拿回一筆錢，這一來一回差別是很大的。當然並不是說房客花了多少裝潢費，在租約到期時可以全部跟房東要回來，而是只能要回搬走當時還現存的增價額為限。

因為房客一裝潢下去，東西就開始折舊了，假定住了十年，其實也就折舊的差不多了，如果住個五年，大概還剩下一半的價值。也就是說，如果房客花了 100 萬裝潢，住了十年之後搬走，殘值大概只剩下 10 萬元左右，如果住了五年之後搬走，大概還有 50 萬元左右的價值。當然這只是一個參考，實際的殘值還是要看維護的現況而定。

所以光裝潢時取得房東同意是不夠的，將來等到房客要搬走時，可能會發生房客認為裝潢還有很多價值，可是房東卻認為一文不值的窘狀，搞不好還跟房客說，要不然通通拆掉回復原狀好了。

為了避免爭議，房東房客最好一開始裝潢的時候，就先約定清楚，將來租約到期不再續租時，房東應該返還的金額是多少，同時，裝潢的部分究竟是回復原狀或現狀返還也要事先約定好。

當然這邊還有一個重要的問題，打算自行裝潢的房客，一定要先跟房東簽長約，要不然花了那麼多的心力，花了那麼多的經費，好不容易才把房子裝潢成自己想要的樣子，結果住了一年之後，房東說不再續租了，或者房東看房客把房子裝潢得美輪美奐，說要漲房租，那房客不就暈倒了。既然是要住在自己裝潢的房子裡，租期沒有十年至少也應該有個五年，對於房客來講才有保障。

所以有房客會特別去跟屋主租剛交屋的新成屋，裡面也許還是毛胚屋什麼都沒有，然後簽下五年的長約，取得房東同意之後自行裝潢，這樣就算不是自己買的房子，可是房子裡面的裝潢、擺設樣樣自己決定，就像是自己買的房子一樣，也是一個不錯的方式。

④ 房東可以隨意進出已經出租的房子嗎？

先說答案，不行。

雖然房東有所有權，但是既然已經把房子租給房客了，房東這時候再擅自進出房客的房子，會構成「侵入住居罪」。

曾經有颱風來的時候，房客已經回老家了才發現忘了關窗戶，好心的房東通知房客，偏偏外頭狂風暴雨也放了颱風假，房客不可能回來關窗戶，於是只好由房東拿著備份鑰匙打開門，幫房客把窗戶關好，在這種情況之下，房客當然萬分感激

房東。

　　但假如是另外一種情形，房東沒有任何理由，老是喜歡進房客房間，東看看西看看，這絕對會讓房客不舒服，同時也構成刑法侵入住居，已經是違法的行為了。

　　房東奇怪的行為實在真不少，居然還有房東提醒房客，廁所的垃圾桶要裝垃圾袋比較衛生，房客想說垃圾桶放在廁所裡，難道房東有透視眼，不然怎麼看得到？顯然這是房東私下偷偷跑進房客的房間裡才發現的。

　　房客要對抗這樣的行為很簡單，可以在自己的房間裝密錄器，反正這是自己生活的私密空間，自己安裝監視器防盜也不會有妨害秘密的問題，真的拍到房東隨意進出房間，就可以當成證據，對房東提出侵入住居的告訴。

5 房東把房子賣掉了怎麼辦？

▲買賣不破租賃

　　放心，新屋主不能把房客趕走，只能繼續延續原來租約的關係，這在法律上稱為「買賣不破租賃」，也就是新屋主變成房東，房客把之後每個月的租金交給新屋主就可以了。如果有房東以要售屋為由，想將租約還沒到期的房客趕走，房客是可以拒絕的。

　　因為房客既然已經簽了租約，本來就會受到法律的保障，

租約還沒到期前，是沒有理由把房客趕走的。房東真的想這樣做，應該用協商的方式，最起碼也應該提出一筆合理的搬遷費，也就是要「提錢來見」，如果沒有，那真的是連談都不用談了！

但是要注意，適用「買賣不破租賃」的租約有一定的條件，期限五年內的租約通通適用，但是期限超過五年的租約，如果沒有經過公證就不適用，另外，如果是不定期租約也不適用。

▲押金找誰要？

這邊還有一個問題，「買賣不破租賃」租金應該交給新屋主，那麼，當租約到期時，房客的押金應該找誰要呢？

過去的作法是看原房東是否有將押金轉交給新屋主，假如有，那房客就要找新屋主退還押金，如果原房東沒有將押金轉交給新屋主，那房客還是要找原房東退還押金。

針對押金的問題，新制定型化租約及非消費性租約均有特別規定，原房東應該要將押金移交給新屋主，並且用書面通知房客，所以房客除了將租金付給新屋主，將來也是直接跟新屋主請求返還押金，讓法律關係較為單純化。

不過實務上也會有這樣的情況，就是當原房東將房屋出售後，會找房客以及新屋主一起出面，先結清跟原來房東的租約，再由房客跟新屋主重新簽約。例如原房東跟房客的租約簽了一年，目前只過了六個月，原房東就把房子賣了，所以由原

房東跟房客將舊租約提前終止，原房東先將押金返還房客，再由房客跟新屋主重新簽一年的租約，押金當然也是由房客直接交付給新房東。

當房客遇到這樣的情況，一定要仔細比較原來的租約跟重新簽的契約，如果兩個租約內容一致，或者新租約優於舊租約更保障房客，例如租金比原來便宜 1,000 元，那房客當然可以簽，但如果新租約相較於舊租約對房客而言更差，例如租金比原來貴 1,000 元，那房客就可以拒絕，如同上面說的，房客可以主張「買賣不破租賃」，延續舊租約到租約期滿即可。

6 房東可以調漲租金嗎？

這邊要先有成本的概念，也就是說當成本變高的時候，使用的代價自然會跟著提高。什麼是租房子的成本，當然是租這間房子的房價，而租金就是使用這間房子的代價。比如說，這間房子的房價原來是 600 萬，出租的租金是 1 萬元，當房價變成 1,200 萬，也就是房價（成本）已經變成原來的二倍了，租金（使用的代價）還會是原來的 1 萬元嗎？當然要跟著調整到 2 萬元比較合理。

所以，當房屋的價格上漲，房東的確會有想要調整租金的動機跟理由，但這樣一來，換成房客會說，可是租約明明就是簽了租金 1 萬元，也押了期限是一年，我管你房價是不是有漲

價，就是要按照契約履行，怎麼可以漲房租呢？

　　沒錯，房東只有在租約沒有定期限，也就是我們一般稱為不定期租約的情況下，才能因為不動產價格上漲，聲請法院要求增加租金，至於通常大多數定有期限的租約，縱使不動產價格上漲，房東只能按照原來簽定的金額履約至租約期滿為止，不能要求調漲租金。

⑦ 房客可以調降租金嗎？

　　跟定有期限的租約，縱使房價上漲，房東只能履約一樣的道理，只要是租約定有期限，縱使在這個期間內，房價下跌了，房客同樣只能履約，無法要求調降租金，除非是在不定期租約的情況，房客才可以因為房價下跌，聲請法院減少租金。

　　但是會有一種情況，房東租給房客的房子，有時候未必能夠使用到租期屆滿為止。什麼意思？難道房子會消失嗎？

　　沒錯啊！房子的確有消失的可能，像是頂樓加蓋被拆除就是。

　　頂樓加蓋在臺灣是很常見的，尤其把頂加拿來出租的更是不少，因為頂加環境比較危險，容易發生公安意外，常常變成政府整頓的對象。像是柯P剛當上臺北市長不久，南港頂樓大火燒出人命，柯P立刻清理出226戶頂樓有危害公共安全的違建，要求在三個月內自行改善，否則將派工強制拆除，稱

為「226 專案」。結果非常有執行力,這 226 戶屋主通通自行改善完畢。

　　假如頂加違建改善後,原來租 10 坪的房子變成剩下 8 坪,依然維持原來的租金對房客顯然不公平,因為頂加被要求改善應該是房東要負責,這件事不能怪房客,房客當然有權利可以要求,按照滅失的部分請求減少租金。例如原來租 10 坪,租金 10,000 元,剩下 8 坪,租金合理的比例就應該調整成 8,000 元。

　　當然,還要看滅失的部分是否會影響到居住的功能以致不能達成租賃的目的。人每天總要洗澡、上廁所,如果頂加違建改善後,原來的廁所不見了,那根本無法住人了,這時候就不光是調降租金而已,房客可以要求提前終止租約。而且,這件事情不能怪房客,即便是房客提早終止租約,房東也必須將二個月的押金還給房客,甚至於房客因此被迫搬離,房東還應該要補貼房客一些搬遷費才對。

8 房客可否擔任管理委員?

　　這邊要先了解一下社區裡面相關的組織。

　　首先,區分所有權人會議跟管理委員會是不一樣的:

區分所有權人會議	區分所有權人為共同事務及涉及權利義務有關事項，召集全體區分所有權人所舉行的會議
管理委員會	為了執行區分所有權人會議決議事項以及公寓大廈管理維護工作，由區分所有權人選住戶若干人為管理委員所設立的組織

　　從以上的定義可以知道，「區分所有權人會議」是屋主參加的，至於「管理委員會」則是由管理委員參加的，而管理委員又是從住戶裡面選出來的。

　　房客當然不是屋主，所以不能用自己的名義參加「區分所有權人會議」，但如果區分所有權人因故無法出席區分所有權人會議，這時候可以用書面委託配偶、有行為能力之直系血親、其他區分所有權人或承租人代理出席，也就是說當房客得到屋主的書面授權，就可以代理屋主出席「區分所有權人會議」。

▲**管理委員是從住戶裡面選出來的，房客算是住戶嗎？**

　　是的，沒錯，區分所有權人跟房客通通算是住戶，但是房客能不能被選舉擔任管理委員，要先看看區分所有權人會議決議或社區規約裡有沒有特別的限制，房客能不能進一步被推選為主任委員也是同樣的道理。所以只要區分所有權人會議決議或規約沒有特別的限制，房客是可以被選舉擔任管理委員、主

任委員。

　　但是通常社區對於主任委員、財務委員及監察委員會有較嚴格的限制，要求主任委員、財務委員及監察委員必須具備區分所有權人的身分，所以房客大多數只能被選舉擔任管理委員而已。

　　另外，社區的規約很重要，也就是公寓大廈區分所有權人為增進共同利益，確保良好生活環境，經過區分所有權人會議決議共同遵守的事項。規約等同於社區的憲法，具備最上位的位階，而管理委員會會議決議的內容不可以違反公寓大廈管理條例、規約或區分所有權人會議決議。也就是說，規約跟區分所有權人會議決議通通大於管理委員會，管理委員會只能遵守，不能做出違背內容的決議。

　　同時，因為房客也算是住戶，所以同樣受到公寓大廈管理條例的規範，房客除了必須遵守公寓大廈管理條例的規定之外，當然也要遵守社區規約，如有違反，公寓大廈管理條例皆有相關的處罰規定。

　　其中最嚴重者莫過於「惡鄰條款」的規定，當社區出現了惡鄰居，不管他是所有權人屋主或只是租房子的房客，通通算是公寓大廈管理條例規定的住戶，只要符合公寓大廈管理條例第 22 條規定的情況，經過管理委員會促請改善，在 3 個月內還沒有改善的話，管理委員會就可以依據區分所有權人會議的

決議，訴請法院請惡鄰居搬走。

　　所以房客千萬別以為社區規約與我何干，稍一不慎違規情節重大，那可是會被趕走，有家歸不得喔！

公寓大廈管理條例第 22 條

　　住戶有下列情形之一者，由管理負責人或管理委員會促請其改善，於三個月內仍未改善者，管理負責人或管理委員會得依區分所有權人會議之決議，訴請法院強制其遷離：

一、積欠依本條例規定應分擔之費用，經強制執行後再度積欠金額達其區分所有權總價 1% 者。

二、違反本條例規定經依第 49 條第 1 項第 1 款至第 4 款規定處以罰鍰後，仍不改善或續犯者。

三、其他違反法令或規約情節重大者。

　　前項之住戶如為區分所有權人時，管理負責人或管理委員會得依區分所有權人會議之決議，訴請法院命區分所有權人出讓其區分所有權及其基地所有權應有部分；於判決確定後三個月內不自行出讓並完成移轉登記手續者，管理負責人或管理委員會得聲請法院拍賣之。

　　前項拍賣所得，除其他法律另有規定外，於積欠本條例應分擔之費用，其受償順序與第一順位抵押權同。

9 房客欠租怎麼辦？

當房東最希望遇見的，一定是準時交房租的房客了。但是，難免會遇到不準時交租的房客，這時候該怎麼辦呢？

通常租約裡都會具體載明繳交租金的時間，例如像是每個月的 5 日，也就是說，房客應該在每月 5 日前把租金繳給房東，如果到了 6 日租金還沒進來，基本上房客就算是遲延了，房東可以跟房客催討租金。但通常來說，一般房東不會這麼嚴格，昨天租金沒進來，今天就馬上催討，總會寬限個幾天。

而跟房客催討租金也有各種方式，通常不會一開始就上法院起訴，大多是禮貌性的先用 Line 請房客確認一下租金匯了沒有？因為戶頭裡還沒有看到。假如真的來軟的不行，房客依然拖欠租金，這時候房東可能就要衡量，是否要為了一個月的租金告上法院，畢竟上法院要寫書狀，如果不熟悉程序還要委請律師，一審律師費行情就要 6 萬元了，除非是豪宅等級的租金，否則恐怕多數的租金連付律師費都不夠。

▲訴訟外的管道：調解與調處

訴訟之外的另一個方式，就是可以到當地的區公所或鄉鎮市公所調解委員會聲請調解，不用收費，可以省去龐大的訴訟費用，但缺點是如果房客不來參加調解，房東也無法強制要求房客來參與，除了訴訟，恐怕也只能繼續等待房客良心發現自

動繳租了！

另外，租賃專法還多增設另一個解決的管道，關於住宅租賃爭議，房東或房客可以向直轄市或縣（市）政府申請調處，而且免繳調處費用。

▲終止租約須符合一定條件

當然，如果調解或調處都沒有效果，任由房客一再拖欠租金也不是辦法，這時候房東可以考慮終止租約，請求房客返還租賃物。但要以房客欠租作為終止租約的理由，法律上必須符合一定的條件。

過去依據民法規定，房客欠租金，房東必須先定相當期限，催告房客支付租金，房客在期間內還不支付的話，房東才可以終止租約。而且，針對租賃物是房屋還有特別規定，必須遲付租金的總額已經達到二個月的租額，才可以終止租約。

另外根據實務界的判決認為，土地法算是民法的特別法，所以土地法規定，出租人積欠租金還必須先將押金扣掉以後，還積欠租金二個月以上，才能終止租約，雖然這是針對不定期租約所規定，但在有期限的租賃也應該類推適用。換言之，積欠租金二個月是扣完押金後還欠二個月，才能終止租約，而押金通常為二個月租金，所以必須房客積欠二個月加二個月租金，等於四個月租金才可以終止租約。

但是過去普遍的認定，在租賃專法實施之後，就應該有不

同的解釋了。租賃專法全名是「租賃住宅市場發展及管理條例」，所謂租賃住宅是指以出租供居住使用的建築物，所以租賃專法僅僅對於作為居住使用的建築物才有適用，至於作為店面或辦公室使用的則不在適用之列。

換言之，過去土地法是民法的特別法，但現在針對作為居住使用的建築物出租而言，租賃專法才是特別法，所以欠租終止租約，應該依據租賃專法的規定來處理。

租賃專法規定，不管房客遲付租金或費用，只要達到二個月的租金總額，經催告後仍拒繳，房東就可以提前終止租賃契約。所以，過去民法援引土地法規定，必須欠租達四個月以上經催告不繳才能終止租約的規定應已不適用，根據租賃專法，不管是欠租或積欠費用，只要加總達到二個月的租金總額，經催告後仍拒繳，房東就可以提前終止租賃契約。

所以過去必須房客欠租四個月經催告不繳才能終止租約，現在只要欠租或積欠費用達到二個月的租金總額經催告不繳，房東就可以提前終止租約了。

但是終止租約要房客搬走，總是要給房客一個適當緩衝的時間，所以租賃專法特別規定，以房客遲付租金或費用達二個月租額，經催告仍拒繳為由終止租約的話，必須在三十天前先以書面通知房客。

10 房客違反租約怎麼辦？

通常房東從刊登租屋廣告開始，就會有一些條件限制，例如規定房客不能抽菸，不能養寵物，或者因為租金內含水費、瓦斯費，基於成本考量，所以規定房客只能一人入住，而且會將這些限制清楚寫進租約裡。

不過，光只是把限制寫進租約這是不夠的，還要將違反的法律效果寫清楚，例如究竟是一次罰款多少錢，或者是作為房東提前終止租約的理由。

罰款的金額要合理，足以產生嚇阻的作用就夠了，如果租約裡的罰款金額過高，就算房客也簽名了，日後還是可以主張違約金過高，請求法院酌減。

11 房客自殺怎麼辦？

前面才說，當房東最希望遇見的，一定是準時交房租的房客了，至於當房東最不希望遇見的，那就是房子變成凶宅了。

房子變成凶宅，那還得了，動輒小凶房價打七折，大凶房價打五折，那可不知道要收幾年的租金才回得來。

凶宅還有分大凶、小凶啊？當然有，一般發生意外事故像是一氧化碳中毒這種的算是小凶，如果有殺人還分屍的，或者穿紅衣紅鞋輕生的，這種冤氣重重的，就會被歸類為大凶。

　　當房東人家說是養啞巴兒子，無非是希望每個月有穩定的租金收入，就像孩子每個月給孝親費一樣，每個房東誰也不願意讓房子變成凶宅。但天總有不從人願的時候，有沒有什麼預防或是降低損失的方法呢？

▲惜命條款

　　首先，可以在租約上頭加註個「惜命條款」，既然當房東是養啞巴兒子，那麼房東把房客「惜命命」也是應該的。所謂「惜命條款」，就是在租約中特別寫清楚，「房客要珍重生命，照顧自己，切勿想不開造成房屋損害，否則應負賠償責任」。在租約裡頭簡短的叮囑幾句，至少在最後關頭可以發揮一些嚇阻的作用，避免悲劇發生。

　　另一類的惜命條款則寫得更為具體，例如像是「房客在租屋處自殺，連帶保證人須按房屋市價四分之三賠償或以市價買回」，前提當然是租約有額外要求連帶保證人，且經過連帶保證人同意並簽名。

▲連帶保證人一定要負責到底嗎？

　　要知道房子一旦變成凶宅，代表房客已經往生了，所以只能請求房客的繼承人賠償，但是一定要特別注意，根據現行法律規定，繼承人對於被繼承人的債務，只要以繼承所得的遺產為限來負責就可以了。換言之，如果房客沒有留下任何財產，繼承人繼承的遺產為零，那麼對於房東的損害完全不用負責。

　　既然繼承人可能完全不用承擔房客讓房屋變成凶宅之損害，房東當然要有保障自身權益的作法，可以在租約當中要求房客提供有相當資力的連帶保證人一起簽名，就房客造成房屋的一切損害，連帶保證人必須負起賠償責任。

　　那麼，像前面約定「房客在租屋處自殺，連帶保證人須按房屋市價四分之三賠償或以市價買回」是否有效呢？這部分原則上有效，但要注意在法律上這會被解讀成違約金的約定，所謂按房屋市價四分之三賠償或以市價買回可能有違約金過高的問題，連帶保證人可以請求法院予以酌減。

　　但是，就房客的立場而言，第一種惜命條款只是勸他自己珍惜生命，第二種惜命條款如果違背了，可能會牽連到別人也就是連帶保證人，而連帶保證人通常是房客的親友，所以兩者相比，應該後者嚇阻的作用更高，也更能發揮預防的作用。

　　另外像一般利用保險來轉嫁風險，是最好的方法，就像預防地震、火災的損害，有地震險、火險一樣，針對房屋發生凶宅事故導致跌價損失，目前市場上富邦產險也推出凶宅險可以提供房東選擇，而且理賠範圍除了房價損失外，尚包括清潔、做法事等費用。但畢竟保險有一定理賠的額度上限，未必能夠彌補全部的房價損失，但相較於求償無門之狀況，也不失為是降低損失的好方法。

第 5 章

租約到期注意事項，好好說再見

1 租約到期點交

好快，來到了租約到期的章節。當了將近二十年的房東，我對於這個章節特別有感覺。

每當前一個房客搬走了，清潔、打掃，重新布置以後開始帶看，因為還不知道下一位房客會是誰，所以無從想像下一位房客的樣子，一直到帶看過程中，來看的房客也許在租屋現場直接說要租，或者參觀完說要考慮一下，之後才打電話來說決定要租了，這時候才會確定誰是下一位承租的房客，接下來就是簽約，把鑰匙交給房客，然後看著房客拉著一卡皮箱從電梯走進房門。

租約到期時，路線則是相反的，看著房客拉著一卡皮箱從房門走進電梯，房東的心境卻有很大的不同了。

房客當初來的時候，說實在話，第一次見面只是陌生人，但等到租約到期搬走時通常至少住了一年以上，房東房客之間已經熟識，別離總是會帶點淡淡的哀愁。

我記得曾經有一位房客，在百貨公司裡的餐廳擔任店長，跟我租了好幾年的房子，之後因為老闆要她到臺中去負責展店，所以提前終止租約，返還房屋點交之後，我陪著房客一路拉著一卡皮箱從房門走到電梯，幫房客刷電梯的磁扣按下往一樓的電梯，房客突然回頭說：「房東，我如果調回板橋，要再

跟你租房子」，這時候淡淡的哀愁裡又融入了一份感動。

　　其實房東、房客之間，並不像電視經常報導的那樣，老是只有惡房東跟惡房客，大多數都是像這樣，好聚好散。

　　當然，不能否認確實也有不好的案例，最為知名的，應該就是惡房東張淑晶事件了。這當中包含很多類型的租屋糾紛，其中有房客投訴，租約到期，張淑晶居然不願意出面點交，為的是可以繼續收逾期返還房屋的高額違約金。

　　這還真是生眼睛發眉毛（臺語）都沒看過的案例，通常只有遇到不肯搬走的房客，還真的沒碰過不肯出面點交的房東。

　　不過，有這樣的案例也好，告訴我們不管是房東或者房客，都有可能不出面配合點交，所以應該要有明文的規定來處理。也就是因為張淑晶事件，讓政府正視過去比較放任的租屋市場，原來會出現這麼多問題，於是催生出了租賃專法，並在107 年 6 月 27 日開始實施。

　　根據租賃專法的規定，當租賃契約消滅時，包括租約到期，或者提前終止租約的情況等等，應該由房東與房客共同完成屋況及附屬設備的點交。

　　要特別提到此次租賃專法實施，進一步擴大房客可以提前終止租約的事由，包括房客因疾病、意外產生有長期療養的需要，可以提前終止租約，房客以此理由提前終止租約，應提出設立有案醫療機構出具療養時程需六個月以上的診斷證明。

　　另外，當房客死亡時，他的繼承人也可以主張終止租約。房客或繼承人提前終止租約，應該在租約終止前 30 天檢附相關事證，以書面通知房東。

　　所以不光是租約到期房東房客之間要點交，還有提前終止租約的情況也要點交。

　　那如果一方未會同點交該怎麼辦呢？這時候他方可以定相當期限催告對方會同點交，如果對方仍不會同的話，那就視為完成點交。

　　所謂點交，就是房客必須將房屋及家電、家具等附屬設備，清點返還給房東，這也是為什麼當初簽訂租約時，必須在租賃標的現況確認書中將附屬設備寫明項目、數量的原因，當初房東給了多少附屬設備有清楚記載，等到租約到期或提前終止時，房客返還附屬設備才有清楚的依據。

▲房客須按租屋當時的原貌返還嗎？

　　那麼，有了清楚的依據，就不會有糾紛了嗎？不不不，居然有房東要求房客必須按照租屋當時的原貌返還，這個房東顯然有很大的誤解了。

　　不管是房屋還是附屬設備，使用上隨著時間的經過一定會產生一定程度的耗損，這就是所謂的折舊，當然要由房東吸收，除非是房客人為造成的損壞，房東才可以要求房客負責賠償。所以，如果房客沒有人為破壞，只要將使用後的現況返還

給房東就可以了，房東不能要求房客按原貌返還。

▲水電瓦斯費怎麼結清？

嗯，當房客把房屋及附屬設備通通還給房東了，問題就解決了嗎？不不不，有的房東告訴房客，因為水費、電費、瓦斯費帳單還沒來，所以押金要等帳單來了，通通算清楚了，再把餘額退給房客。

有一句話是這樣說的，「一手交錢，一手交貨」，房客都已經把房屋跟附屬設備還給房東了，房東也應該要把押金當場還給房客才合理。至於水費、電費、瓦斯費帳單還沒來那是小問題，基本上只要把當天的水錶、電錶、瓦斯錶拍照，都可以臨櫃辦理結清，就可以跟房客結算清楚。

在這邊介紹一款好用的 app「台電 e 櫃檯」（見照片），需要提早抄錶結算，只要透過這個 app，輸入電號、電錶指數後，就可以用信用卡線上繳費，或者利用產生的條碼到便利商店繳費。

圖 5-1　台電 e 櫃檯

▲房東可以要求繳回租約嗎？

另外還要特別提醒房客，通常租約一式二份是由房東、房客各留存一份，這不光是在租約期間要有憑證，租約到期之後還是有保留憑證的必要，如果房東在租約到期或提前終止租約點交時要求房客要將租約繳回，這已經違反政府頒布的不得記載事項，房客並沒有遵守的義務。

② 遺留物處理

前面說過了，通常只有不肯搬走的房客，不肯出面點交的房東比較少。

如果房客不肯點交，依照租賃專法很簡單，房東只要催告房客，定個期限會同點交，逾期不會同就視為完成點交，但是，問題這樣就解決了嗎？當然沒有，房客拒不出面點交，代表房客放在房子裡的私人物品通通沒有處理，這時候該怎麼辦呢？

▲房東小心，房客同意也有罪？

這的確是個大問題，尤其過去在實務上曾經出現很多房東擅自處理房客私人物品，結果被判決有罪的案例，例如臺灣高等法院 104 年度上易字第 210 號判決，這個案例非常特別，明明租約已經消滅了，甚至房客還簽下同意限時搬離，逾時同意房東親自搬清屋內所有東西的紙條，等到約定時間到了，房客依舊沒搬，於是房東依循房客同意書的內容進入房客的房間，

結果居然還是被法院判決侵入住居有罪。

　　因為法院認為房東只是取得對房客租賃物的返還請求權，但是租賃物仍由房客占有使用，還沒還給房東，房客拒不返還這是屬於民事糾紛，依程序應該要起訴請求法院判決，取得執行名義後才可以聲請法院強制執行，法律不容許私人用強制手段介入，自行實現權利，否則法律規範將形同虛設。等於房客事先同意房東可以搬清屋內所有物品了還不行，房東還是被判有罪。

　　當然，也有不同的案例出現不一樣的結果，像是臺灣高等法院 96 年度上易字第 382 號判決，租約到期了，房東進入出租給房客的房子，不理會房客要求離開，依然留滯屋內，最後法院判決侵入住居無罪。這是因為房東是為了查看房屋漏水狀況、等待水電工到場以及協商房客何時搬遷才留滯在屋內，所以法官認為算是有正當理由，不構成犯罪。

▲遺留物處理新規定

　　現在租賃專法針對遺留物處理有了新的規定，假如點交後，尚有遺留物，除了另有約定外，只要經過房東定期催告仍不取回就視為拋棄所有權，房東處理的費用可以從押金中扣除，不足還可以請房客給付。

　　從條文看來，經過房東定期催告仍不取回就視為拋棄所有權，房東應該可以逕行處理，但是還是要提醒一下，基於法院

判決「自由心證，個案認定」，畢竟以前出現過房客已簽下同意書，讓房東可搬清屋內所有東西，房東卻依然被判有罪的案例，所以只能說租賃專法給予房東逕行處理明文規範，將來房東有罪的案例應該會因此大大減少，至於實際案例有罪或無罪的狀況，就有待日後好好觀察法院判決的標準了！

3 如何預防變成不定期租賃

租約通常定有期限，而且最常見的期間應該是一年，像這樣訂有一年期間的，就是定期租約，換言之，沒有訂下期間的，就會變成不定期租賃了。

怎麼會有租約沒有訂下期間呢？通常會產生這樣的情況，是因為原來租約的期限屆滿了，結果房東、房客沒有簽訂新的租約，房客還是繼續使用房子，而且房東也沒有反對，繼續收取租金，顯然這個租約會繼續存在，而且沒有一個特定的期限。

另外，法律也有規定，不動產租賃契約，期限如果超過一年，就應該要用書面字據的方式來訂立，如果沒有用字據訂立的話，也會變成不定期限的租賃。

前面的章節我們討論過不定期租賃，一旦租約變成不定期租約，在房客並無違約的情況，而房東也無法證明有重新建築的必要的話，少了一個 "ending" 的時間，房東將無法收回房

子，這時候房東如果還是要請房客自願搬走，通常要給房客一筆搬遷費了。

所以當房東的人一定要記得，千萬不能讓租約變成不定期租賃。

那如果有房客刻意要讓租約變成不定期租賃，要如何預防呢？

在這邊建議房東在租約到期一個月前，應該先詢問房客是否要續租，如果要續租，房東應該跟房客在租約到期前約定一個明確的時間，重新簽約。如果房客表明租約到期不續租，那房東也可以先行準備刊登租約、重新招租等事宜。

萬一遇到租約到期前聯絡不上房客的情形，那就要特別小心了！

因為不排除房客有可能故意避不見面，拖到租約到期之後繼續使用房屋，故意讓租約變成不定期租約的可能性。

真的遇到這樣的情況，就有必要寄出存證信函，具體表明，租約將於何時到期，到期之後房東不再續租，就可以避免讓租約變成不定期租約。

畢竟，相較於這種聯絡不上的房客，還不如到期不要續租，再去找一個新房客比較好。

４ 包租業者轉租租賃住宅後，出租人提前終止租賃契約的特別規定

當房客跟包租業者承租房屋以後，屋主因為某些原因提前終止租約，例如為了要重新建築的必要而收回房子，會導致房客無法繼續使用房屋，這時候一定要有妥適的處理辦法。

根據租賃專法規定，當包租業轉租租賃住宅後，如果出租人提前終止租賃契約的話，包租業除了要在知悉終止租賃契約的次日起五日內通知房客終止轉租契約，協調返還租賃住宅、執行屋況及附屬設備點交事務、退還預收租金及全部或一部押金外，還要協助房客優先承租其他租賃住宅。

那如果包租業因故停業、解散或他遷不明時，該怎麼辦呢？

這時候可以由房東直接通知次承租人也就是房客。而且，房東跟房客可以請求所在地租賃同業公會或其全國聯合會協調返還租賃住宅或續租事宜，該同業公會或其全國聯合會不得拒絕。

期待這本書，能夠幫助房東、房客，避免租屋糾紛的發生，做到完美的四個字，好聚好散。

住宅租賃契約書範本（企業或個人出租通用）

內政部 109 年 8 月 26 日內政部台內地字第 1090264511 號函修正

住宅租賃契約書

契約審閱權

本契約於中華民國＿＿年＿＿月＿＿日經承租人攜回審閱＿＿日（契約審閱期間至少三日）

承租人簽章：

出租人簽章：

立契約書人承租人＿＿＿＿＿＿，出租人＿＿＿＿＿＿【為□所有權人□轉租人（應提示經原所有權人同意轉租之證明文件）】茲為住宅租賃事宜，雙方同意本契約條款如下：

第一條　租賃標的

（一）租賃住宅標示：

1. 門牌＿＿縣（市）＿＿鄉（鎮、市、區）＿＿街（路）＿＿段＿＿巷＿＿弄＿＿號＿＿樓之＿＿（基地坐落＿＿段＿＿小段＿＿地號。）。無門牌者，其房屋稅籍編號：＿＿或其位置略圖。

2. 專有部分建號＿＿，權利範圍＿＿，面積共計＿＿平方公尺。

   (1)主建物面積：

   ＿＿層＿＿平方公尺，＿＿層＿＿平方公尺，＿＿層＿＿平方公尺共計＿＿平方公尺，用途＿＿。

   (2)附屬建物用途＿＿，面積＿＿平方公尺。

3. 共有部分建號＿＿，權利範圍＿＿，持分面積＿＿平方公尺。

4. 車位：□有（汽車停車位＿＿個、機車停車位＿＿個）□無。

5. □有□無設定他項權利，若有，權利種類：_____。

6. □有□無查封登記。

（二）租賃範圍：

1. 租賃住宅□全部□部分：第__層□房間__間□第__室，面積 _____平方公尺（如「租賃住宅位置格局示意圖」標註之租賃範圍）。

2. 車位（如無則免填）：

(1)汽車停車位種類及編號：

地上（下）第__層□平面式停車位□機械式停車位，編號第__號。

(2)機車停車位：地上（下）第__層編號第__號或其位置示意圖。

(3)使用時間：

□全日□日間□夜間□其他_____。

3. 租賃附屬設備：

□有□無附屬設備，若有，詳如附件一租賃標的現況確認書。

第二條　租賃期間

租賃期間自民國__年__月__日起至民國__年__月__日止。（租賃期間至少三十日以上）

第三條　租金約定及支付

承租人每月租金為新臺幣（下同）_____元整，每期應繳納____個月租金，並於 □每月__日 / □每期_____ 前支付，不得藉任何理由拖延或拒絕；出租人於租賃期間亦不得藉任何理由要求調漲租金。

租金支付方式：□現金繳付□轉帳繳付：金融機構：___，戶名：___，帳號：___。□其他：___。

第四條　押金約定及返還

　　押金由租賃雙方約定為＿＿個月租金，金額為＿＿＿＿元整（最高不得超過二個月租金之總額）。承租人應於簽訂本契約之同時給付出租人。

　　前項押金，除有第十一條第四項、第十三條第三項、第十四條第四項及第十八條第二項得抵充之情形外，出租人應於租期屆滿或租賃契約終止，承租人返還租賃住宅時，返還押金或抵充本契約所生債務後之賸餘押金。

第五條　租賃期間相關費用之約定

　　租賃期間，使用租賃住宅所生之相關費用，依下列約定辦理：

（一）管理費：

□由出租人負擔。

□由承租人負擔。

　　租賃住宅每月＿＿＿＿元整。

　　停車位每月＿＿＿＿元整。

　　租賃期間因不可歸責於租賃雙方之事由，致本費用增加者，承租人就增加部分之金額，以負擔百分之十為限；如本費用減少者，承租人負擔減少後之金額。

□其他：＿＿＿＿。

（二）水費：

□由出租人負擔。

□由承租人負擔。

□其他：＿＿＿＿。

（三）電費：

□由出租人負擔。

□由承租人負擔。（備註：如為分租房間且經雙方約定以用電度數計費者，依夏月每度＿＿＿＿元整，非夏月每度＿＿＿＿元整收取，但均不得超過台灣電力股份有限公司所定當月用電量最高級距之每

度金額。）

　　□其他：＿＿＿。

（四）瓦斯費：

　　□由出租人負擔。

　　□由承租人負擔。

　　□其他：＿＿＿。

（五）網路費：

　　□由出租人負擔。

　　□由承租人負擔。

　　□其他：＿＿＿。

（六）其他費用及其支付方式：＿＿＿。

第六條　稅費負擔之約定

　　本契約有關稅費，依下列約定辦理：

（一）租賃住宅之房屋稅、地價稅由出租人負擔。

（二）本契約租賃雙方同意辦理公證者，其公證費＿＿＿元整。

　　□由出租人負擔。

　　□由承租人負擔。

　　□由租賃雙方平均負擔。

　　□其他：＿＿＿。

（三）其他稅費及其支付方式：＿＿＿。

第七條　使用租賃住宅之限制

　　本租賃住宅係供居住使用，承租人不得變更用途。

　　承租人同意遵守公寓大廈規約或其他住戶應遵行事項，不得違法使用、存放有爆炸性或易燃性物品。

　　承租人應經出租人同意始得將本租賃住宅之全部或一部分轉租、出借或以其他方式供他人使用，或將租賃權轉讓於他人。

　　前項出租人同意轉租者，應出具同意書（如附件二）載明同意轉租之範圍、期間及得終止本契約之事由，供承租人轉租時向次承租人提示。

第八條　修　繕

　　租賃住宅或附屬設備損壞時，應由出租人負責修繕。但租賃雙方另有約定、習慣或其損壞係可歸責於承租人之事由者，不在此限。

　　前項由出租人負責修繕者，承租人得定相當期限催告修繕，如出租人未於承租人所定相當期限內修繕時，承租人得自行修繕，並請求出租人償還其費用或於第三條約定之租金中扣除。

　　出租人為修繕租賃住宅所為之必要行為，應於相當期間先期通知，承租人無正當理由不得拒絕。

　　前項出租人於修繕期間，致租賃住宅全部或一部不能居住使用者，承租人得請求出租人扣除該期間全部或一部之租金。

第九條　室內裝修

　　承租人有室內裝修之需要，應經出租人同意並依相關法令規定辦理，且不得損害原有建築結構之安全。

　　承租人經出租人同意裝修者，其裝修增設部分若有損壞，由承租人負責修繕。

　　第一項情形，承租人返還租賃住宅時，應□負責回復原狀□現況返還□其他＿＿＿＿。

第十條　出租人之義務及責任

　　出租人應出示有權出租本租賃住宅之證明文件及國民身分證或其他足資證明身分之文件，供承租人核對。

　　出租人應以合於所約定居住使用之租賃住宅，交付承租人，並應於租賃期間保持其合於居住使用之狀態。

　　出租人與承租人簽訂本契約前，租賃住宅有由承租人負責修繕之項目及範圍者，出租人應先向承租人說明並經承租人確認（如附件三），

未經約明確認者，出租人應負責修繕，並提供有修繕必要時之聯絡方式。

第十一條　承租人之義務及責任

承租人應於簽訂本契約時，出示國民身分證或其他足資證明身分之文件，供出租人核對。

承租人應以善良管理人之注意，保管、使用租賃住宅。

承租人違反前項義務，致租賃住宅毀損或滅失者，應負損害賠償責任。但依約定之方法或依租賃住宅之性質使用、收益，致有變更或毀損者，不在此限。

前項承租人應賠償之金額，得由第四條第一項規定之押金中抵充，如有不足，並得向承租人請求給付不足之金額。

承租人經出租人同意轉租者，與次承租人簽訂轉租契約時，應不得逾出租人同意轉租之範圍及期間，並應於簽訂轉租契約後三十日內，以書面將轉租範圍、期間、次承租人之姓名及通訊住址等相關資料通知出租人。

第十二條　租賃住宅部分滅失

租賃關係存續中，因不可歸責於承租人之事由，致租賃住宅之一部滅失者，承租人得按滅失之部分，請求減少租金。

第十三條　任意終止租約之約定

本契約於期限屆滿前，除依第十六條及第十七條規定得提前終止租約外，租賃雙方□得□不得任意終止租約。

依前項約定得終止租約者，租賃之一方應至少於終止前一個月通知他方。一方未為先期通知而逕行終止租約者，應賠償他方最高不得超過一個月租金額之違約金。

前項承租人應賠償之違約金，得由第四條第一項規定之押金中抵充，如有不足，並得向承租人請求給付不足之金額。

租期屆滿前，依第一項終止租約者，出租人已預收之租金應返還予

承租人。

第十四條　租賃住宅之返還

租賃關係消滅時，出租人應即結算租金及第五條約定之相關費用，並會同承租人共同完成屋況及附屬設備之點交手續，承租人應將租賃住宅返還出租人並遷出戶籍或其他登記。

前項租賃之一方未會同點交，經他方定相當期限催告仍不會同者，視為完成點交。

承租人未依第一項規定返還租賃住宅時，出租人應即明示不以不定期限繼續契約，並得向承租人請求未返還租賃住宅期間之相當月租金額，及相當月租金額計算之違約金（未足一個月者，以日租金折算）至返還為止。

前項金額與承租人未繳清之租金及第五條約定之相關費用，出租人得由第四條第一項規定之押金中抵充，如有不足，並得向承租人請求給付不足之金額或費用。

第十五條　租賃住宅所有權之讓與

出租人於租賃住宅交付後，承租人占有中，縱將其所有權讓與第三人，本契約對於受讓人仍繼續存在。

前項情形，出租人應移交押金及已預收之租金與受讓人，並以書面通知承租人。

本契約如未經公證，其期限逾五年者，不適用前二項之規定。

第十六條　出租人提前終止租約

租賃期間有下列情形之一者，出租人得提前終止租約，且承租人不得要求任何賠償：

　　（一）出租人為重新建築而必要收回。

　　（二）承租人遲付租金之總額達二個月之租金額，經出租人定相當
　　　　　期限催告，仍不為支付。

（三）承租人積欠管理費或其他應負擔之費用達二個月之租金額，經出租人定相當期限催告，仍不為支付。

（四）承租人違反第七條第一項規定，擅自變更用途，經出租人阻止仍繼續為之。

（五）承租人違反第七條第二項規定，違法使用、存放有爆炸性或易燃性物品，經出租人阻止仍繼續為之。

（六）承租人違反第七條第三項規定，擅自將租賃住宅轉租或轉讓租賃權予他人。

（七）承租人毀損租賃住宅或附屬設備，經出租人定相當期限催告修繕仍不為修繕或相當之賠償。

（八）承租人違反第九條第一項規定，未經出租人同意，擅自進行室內裝修，經出租人阻止仍繼續為之。

（九）承租人違反第九條第一項規定，未依相關法令規定進行室內裝修，經出租人阻止仍繼續為之。

（十）承租人違反第九條第一項規定，進行室內裝修，損害原有建築結構之安全。

出租人依前項規定提前終止租約者，應依下列規定期限，檢附相關事證，以書面通知承租人。但依前項第五款及第十款規定終止者，得不先期通知：

（一）依前項第一款規定終止者，於終止前三個月。

（二）依前項第二款至第四款、第六款至第九款規定終止者，於終止前三十日。

第十七條　承租人提前終止租約

租賃期間有下列情形之一，致難以繼續居住者，承租人得提前終止租約，出租人不得要求任何賠償：

（一）租賃住宅未合於所約定居住使用，並有修繕之必要，經承租

人定相當期限催告，仍不於期限內修繕。

（二）租賃住宅因不可歸責承租人之事由致一部滅失，且其存餘部分不能達租賃之目的。

（三）租賃住宅有危及承租人或其同居人之安全或健康之瑕疵；承租人於簽約時已明知該瑕疵或拋棄終止租約權利者，亦同。

（四）承租人因疾病、意外產生有長期療養之需要。

（五）因第三人就租賃住宅主張其權利，致承租人不能為約定之居住使用。

承租人依前項各款規定提前終止租約者，應於終止前三十日，檢附相關事證，以書面通知出租人。但前項第三款前段其情況危急者，得不先期通知。

承租人死亡，其繼承人得主張終止租約，其通知期限及方式，準用前項規定。

第十八條　遺留物之處理

租賃關係消滅，依第十四條完成點交或視為完成點交之手續後，承租人仍於租賃住宅有遺留物者，除租賃雙方另有約定外，經出租人定相當期限向承租人催告，屆期仍不取回時，視為拋棄其所有權。

出租人處理前項遺留物所生費用，得由第四條第一項規定之押金中抵充，如有不足，並得向承租人請求給付不足之費用。

第十九條　履行本契約之通知

除本契約另有約定外，租賃雙方相互間之通知，以郵寄為之者，應以本契約所記載之地址為準。

如因地址變更未告知他方，致通知無法到達時，以第一次郵遞之日期推定為到達日。

第一項之通知得經租賃雙方約定以□電子郵件信箱：_____□手機簡訊□即時通訊軟體以文字顯示方式為之。

第二十條　條款疑義處理

本契約各條款如有疑義時，應為有利於承租人之解釋。

第二十一條　其他約定

本契約租賃雙方□同意□不同意辦理公證。

本契約經辦理公證者，租賃雙方□不同意；□同意公證書載明下列事項應逕受強制執行：

□一、承租人如於租期屆滿後不返還租賃住宅。

□二、承租人未依約給付之欠繳租金、費用及出租人或租賃住宅所有權人代繳之管理費，或違約時應支付之金額。

□三、出租人如於租期屆滿或本契約終止時，應返還承租人之全部或一部押金。

公證書載明金錢債務逕受強制執行時，如有保證人者，前項後段第款之效力及於保證人。

第二十二條　契約及其相關附件效力

本契約自簽約日起生效，租賃雙方各執一份契約正本。

本契約廣告及相關附件視為本契約之一部分。

第二十三條　未盡事宜之處置

本契約如有未盡事宜，依有關法令、習慣、平等互惠及誠實信用原則公平解決之。

附件

□建物所有權狀影本或其他有權出租之證明文件

□使用執照影本

□雙方身分證明文件影本

□保證人身分證影本

□授權代理人簽約同意書

☐租賃標的現況確認書

☐出租人同意轉租範圍、租賃期間及終止租約事由確認書

☐承租人負責修繕項目及範圍確認書

☐附屬設備清單

☐租賃住宅位置格局示意圖

☐其他（測量成果圖、室內空間現狀照片、稅籍證明等）

立契約書人

出租人：

姓名（名稱）：　　　　　簽章

統一編號（身分證明文件編號）：

戶籍地址（營業登記地址）：

通訊地址：

聯絡電話：

承租人：

姓名（名稱）：　　　　　簽章

統一編號（身分證明文件編號）：

戶籍地址（營業登記地址）：

通訊地址：

聯絡電話：

保證人：

姓名（名稱）：　　　　　簽章

統一編號（身分證明文件編號）：

戶籍地址：

通訊地址：

聯絡電話：

不動產經紀業：

名稱（公司或商號）：

地址：

電話：

統一編號：

負責人：　　　　　簽章

統一編號：

電子郵件信箱：

不動產經紀人：

姓名：　　　　　簽章

統一編號（身分證明文件編號）：

通訊地址：

聯絡電話：

證書字號：

電子郵件信箱：

民　　國　　　　　年　　　　　月　　　　　日

附件一

租賃標的現況確認書

填表日期　年　月　日

項次	內容	備註說明
1	□有□無包括未登記之改建、增建、加建、違建部分： □壹樓___平方公尺□__樓___平方公尺。 □頂樓___平方公尺。 □其他處所：___平方公尺。	若為違建（未依法申請增、加建之建物），出租人應確實加以說明，使承租人得以充分認知此範圍之建物隨時有被拆除之虞或其他危險。
2	建物型態：_____。 建物現況格局：___房（間、室）___廳___衛□有□無隔間。	一、建物型態： ㈠一般建物：單獨所有權無共有部分（包括獨棟、連棟、雙併等）。 ㈡區分所有建物：公寓（五樓含以下無電梯）、透天厝、店面（店鋪）、辦公商業大樓、住宅或複合型大樓（十一層含以上有電梯）、華廈（十層含以下有電梯）、套房（一房、一廳、一衛）等。 ㈢其他特殊建物：如工廠、廠辦、農舍、倉庫等型態。 二、現況格局（例如：房間、廳、衛浴數，有無隔間）。

3	汽車停車位種類及編號： 地上（下）第__層□平面式停車位□機械式停車位□其他____。 編號：第__號停車位 個，□有□無獨立權狀。 □有□無檢附分管協議及圖說。 機車停車位：地上（下）第__層，編號第__號車位__個或其位置示意圖。	
4	□有□無住宅用火災警報器。 □有□無其他消防設施，若有，項目： (1)____ (2)____ (3)____。 □有□無定期辦理消防安全檢查。	非屬應設置火警自動警報設備之住宅所有權人應依消防法第六條第五項規定設置及維護住宅用火災警報器。
5	□有□無滲漏水之情形，若有，滲漏水處：__。 滲漏水處之處理： □由出租人修繕後交屋。 □由承租人修繕。 □以現況交屋。 □其他____。	

6	□有□無曾經做過輻射屋檢測？ 若有，請檢附檢測證明文件。 檢測結果□有□無輻射異常，若有異常之處理： □由出租人改善後交屋。 □由承租人改善。 □以現況交屋。 □其他＿＿＿。	七十一年至七十三年領得使用執照之建築物，應特別留意檢測。行政院原子能委員會網站已提供「現年劑量達1毫西弗以上輻射屋查詢系統」供民眾查詢輻射屋資訊，如欲進行改善，應向行政院原子能委員會洽詢技術協助。
7	□有□無曾經做過鋼筋混凝土中水溶性氯離子含量檢測（例如海砂屋檢測事項）； 若有，檢測結果：＿＿＿＿。 □有□無超過容許值含量，若有超過之處理： □由出租人修繕後交屋。 □由承租人修繕。 □以現況交屋。 □其他＿＿＿。	一、八十三年七月二十一日以前，CNS3090無訂定鋼筋混凝土中最大水溶性氯離子含量（依水溶法）容許值。 二、八十三年七月二十二日至八十七年六月二十四日依建築法規申報施工勘驗之建築物，參照八十三年七月二十二日修訂公布之CNS3090檢測標準，鋼筋混凝土中最大水溶性氯離子含量（依水溶法）容許值為0.6 kg /m3。 三、八十七年六月二十五日至一百零四年一月十二日依建築法規申報施工勘驗之建

		築物，鋼筋混凝土中最大水溶性氯離子含量參照八十七年六月二十五日修訂公布之 CNS3090 檢測標準，容許值含量為 0.3 kg /m3。 四、一百零四年一月十三日（含）以後依建築法規申報施工勘驗之建築物，鋼筋混凝土中最大水溶性氯離子含量參照一百零四年一月十三日修訂公布之 CNS 3090 檢測標準，容許值含量為 0.15 kg /m3。 五、上開檢測資料可向建築主管機關申請，不同時期之檢測標準，互有差異，租賃雙方應自行注意。
8	本租賃住宅（專有部分）是否曾發生兇殺、自殺、一氧化碳中毒或其他非自然死亡之情事： (1)於產權持有期間□有□無曾發生上列情事。 (2)於產權持有前 　□無上列情事。	

	□知道曾發生上列情事。 □不知道曾否發生上列情 　事。	
9	供水及排水□是□否正常， 若不正常， □由出租人修繕後交屋。 □由承租人修繕。 □以現況交屋。 □其他_____。	
10	□有□無公寓大廈規約或其 他住戶應遵行事項；若有， □有□無檢附規約或其他住 戶應遵行事項。	
11	□有□無管理委員會統一管 理，若有租賃住宅管理費為 □月繳新臺幣__元□季繳新 臺幣__元□年繳新臺幣__元 □其他_____。 停車位管理費為□月繳新臺 幣__元□季繳新臺幣__元 □年繳新臺幣__元□其他 ____。 □有□無積欠租賃住宅、停 車位管理費；若有，新臺幣 ____元。	停車位管理費以清潔費名義 收取者亦同。

| 12 | 附屬設備項目如下：
□電視___臺□電視櫃___件□沙發___組□茶几___件□餐桌（椅）___組□鞋櫃___件□窗簾___組□燈飾___件□冰箱___臺□洗衣機___臺□書櫃___件□床組（頭）___件□衣櫃___組□梳妝台___件□書桌椅___組□餐桌椅___組□置物櫃___件□電話___具□保全設施___組□微波爐___臺□洗碗機___臺□冷氣___臺□排油煙機___件□流理台___件□瓦斯爐___臺□熱水器___臺□天然瓦斯□其他_____。 | |

出租人：_____（簽章）
承租人：_____（簽章）
簽章日期：民國_____年_____月_____日

附件二
出租人同意轉租範圍、租賃期間及終止租約事由確認書

出租人_____將後列住宅出租予承租人_____，並於民國__年__月__日簽訂住宅租賃契約書在案，茲同意承租人得於租賃期間將住宅轉租，同意轉租範圍及租賃相關事項如附明細表。但承租人應於簽訂轉租契約後三十日內，將轉租範圍、期間、次承租人之姓名及通訊住址等相關資料告知本人。

出租人：＿＿＿＿＿＿＿（簽章）

承租人：＿＿＿＿＿＿＿（簽章）

民　　國　　　　　　年　　　　　　　月　　　　　　　　日

出租人同意轉租範圍、租賃期間及終止租約事由確認書

租賃住宅標的									轉租之範圍	租賃起迄期間	有無提前終止租約之約定	備註
縣市	鄉鎮市區	街路	段	巷	弄	號	樓	室				
									□全部 □一部	民國　年　月　日起至民國　年　月　日止	□有□無（若有，請註明）	同意轉租範圍如為一部者，應檢附該部分位置示意圖
									□全部 □一部	民國　年　月　日起至民國　年　月　日止	□有□無（若有，請註明）	

附註：原住宅租賃契約於租賃期間，除有第十六條及第十七條得提前終止租約之事
由外，其他得提前終止租約之事由如下：＿＿＿＿＿＿＿＿＿＿＿。（由
租賃雙方自行約定）

附件三
承租人負責修繕項目及範圍確認書

承租人＿＿＿＿向出租人＿＿＿＿承租住宅，並於民國＿＿年＿＿月＿＿日簽訂
住宅租賃契約書在案，茲依本契約第＿＿條第＿＿項約定本租賃住宅由承
租人負責修繕項目及範圍之確認書如附明細表。（以下僅為例示，應由
租賃雙方依實際情形自行約定後確認之）

出租人：＿＿＿＿＿＿（簽章）
承租人：＿＿＿＿＿＿（簽章）

民　　國　　　　年　　　　　　月　　　　　　　　日

租賃標的現況確認書

填表日期　年　月　日

租賃住宅範圍	設備或設施項目	數量	備註
室外			

客餐廳及臥室		
廚房及衛浴設備		
其他		

附註：

1. 以上修繕項目及範圍請出租人逐項說明填載，並由承租人確認；如附屬設備或設施有不及填載時，得於其他欄填載。

2. 設備或設施未經租賃雙方約明確認由承租人負責修繕者，除其損壞係可歸責於承租人之事由外，由出租人負責修繕。

3. 修繕聯絡方式：

　　□同本契約第　　條出租人基本資料。

　　□租賃住宅代管業：(1) 名稱：_____

(2) 營業地址：＿＿＿＿＿＿＿＿＿＿＿＿＿

(3) 聯絡電話：＿＿＿＿＿＿＿＿＿＿＿

(4) 電子郵件信箱：＿＿＿＿＿＿＿＿＿＿＿＿＿

□其他聯絡方式：（如有，請另行填載）＿＿＿＿＿＿＿＿＿＿＿＿＿

住宅租賃定型化契約應記載及不得記載事項

中華民國 105 年 6 月 23 日內政部內授中辦地字第 1051305384 號公告（中華民國 106 年 1 月 1 日生效）行政院消費者保護會第 47 次會議通過
中華民國 109 年 8 月 14 日內政部台內地字第 1090264203 號公告修正（中華民國 109 年 9 月 1 日生效）

壹、應記載事項

一、契約審閱期

住宅租賃契約（以下簡稱本契約）於民國＿＿年＿＿月＿＿日經承租人攜回審閱＿＿日（契約審閱期間至少三日）。

出租人簽章：

承租人簽章：

二、租賃標的

（一）租賃住宅標示：

1. 門牌＿＿縣（市）＿＿鄉（鎮、市、區）＿＿街（路）＿＿段＿＿巷＿＿弄＿＿號＿＿樓之＿＿（基地坐落＿＿段＿＿小段＿＿地號。）。無門牌者，其房屋稅籍編號：＿＿或其位置略圖。

2. 專有部分建號＿＿＿＿，權利範圍＿＿＿＿，面積共計＿＿＿＿平方公尺。

(1)主建物面積：

＿＿層＿＿平方公尺，＿＿層＿＿平方公尺，＿＿層＿＿平方公尺共計＿＿平方公尺，用途＿＿。

(2)附屬建物用途＿＿，面積＿＿平方公尺。

3. 共有部分建號＿＿，權利範圍＿＿，持分面積＿＿平方公尺。

4. 車位：□有（汽車停車位＿＿個、機車停車位＿＿個）□無。

5. □有□無設定他項權利，若有，權利種類：＿＿＿＿＿＿＿。

6.□有□無查封登記。

（二）租賃範圍：

1. 租賃住宅□全部□部分：第＿＿層□房間＿＿間□第＿＿室，面積＿＿＿＿平方公尺（如「房屋位置格局示意圖」標註之租賃範圍）。

2. 車位（如無則免填）：

(1)汽車停車位種類及編號：

地上（下）第＿＿層□平面式停車位□機械式停車位，編號第＿＿號車位　個。（如無則免填）

(2)機車停車位：地上（下）第＿＿層編號第＿＿號或其位置示意圖。

(3)使用時間：

□全日□日間□夜間□其他＿＿＿＿。

3. 租賃附屬設備：

□有□無附屬設備，若有，詳如附件一租賃標的現況確認書。

4. 其他：＿＿＿＿。

三、租賃期間

租賃期間自民國＿＿年＿＿月＿＿日起至民國＿＿年＿＿月＿＿日止。（租賃期間至少三十日以上）

四、租金約定及支付

承租人每月租金為新臺幣（下同）＿＿＿＿＿元整，每期應繳納＿＿個月租金，並於 □每月＿＿日 □每期＿＿＿＿ 前支付，不得藉任何理由拖延或拒絕；出租人於租賃期間亦不得藉任何理由要求調漲租金。

租金支付方式：□現金繳付□轉帳繳付：金融機構：＿＿＿，戶名：＿＿，帳號：＿＿＿。□其他：＿＿＿。

五、押金約定及返還

押金由租賃雙方約定為＿＿個月租金，金額為＿＿元整（最高不得超

過二個月租金之總額）。承租人應於簽訂本契約之同時給付出租人。

　　前項押金除有第十二點第四項、第十四點第三項、第十五點第四項及第十九點第二項得抵充之情形外，出租人應於租期屆滿或租賃契約終止，承租人返還租賃住宅時，返還押金或抵充本契約所生債務後之賸餘押金。

六、租賃期間相關費用之約定

租賃期間，使用租賃住宅所生之相關費用，依下列約定辦理：

　　（一）管理費：

　　□由出租人負擔。

　　□由承租人負擔。

　　　租賃住宅每月＿＿元整。

　　　停車位每月＿＿元整。

　　租賃期間因不可歸責於租賃雙方之事由，致本費用增加者，承租人就增加部分之金額，以負擔百分之十為限；如本費用減少者，承租人負擔減少後之金額。

　　□其他：＿＿＿＿。

　　（二）水費：

　　□由出租人負擔。

　　□由承租人負擔。

　　□其他：＿＿＿＿。

　　（三）電費：

　　□由出租人負擔。

　　□由承租人負擔。（例如：夏月每度＿＿元整；非夏月每度＿＿元整。

　　　但均不得超過台灣電力股份有限公司所定當月用電量最高級距之

　　　每度金額）。

　　□其他：＿＿＿＿。

（四）瓦斯費：

　□由出租人負擔。

　□由承租人負擔。

　□其他：＿＿＿。

（五）網路費：

　□由出租人負擔。

　□由承租人負擔。

　□其他：＿＿＿。

（六）其他費用及其支付方式：＿＿＿。

七、稅費負擔之約定

本契約有關稅費，依下列約定辦理：

（一）租賃住宅之房屋稅、地價稅由出租人負擔。

（二）本契約租賃雙方同意辦理公證者，其公證費＿＿元整。

　□由出租人負擔。

　□由承租人負擔。

　□由租賃雙方平均負擔。

　□其他：＿＿＿。

（三）其他稅費及其支付方式：＿＿＿。

八、使用租賃住宅之限制

本租賃住宅係供居住使用，承租人不得變更用途。

承租人同意遵守公寓大廈規約或其他住戶應遵行事項，不得違法使用、存放有爆炸性或易燃性物品。

承租人應經出租人同意始得將本租賃住宅之全部或一部分轉租、出借或以其他方式供他人使用，或將租賃權轉讓於他人。

前項出租人同意轉租者，應出具同意書（如附件二）載明同意轉租之範圍、期間及得終止本契約之事由，供承租人轉租時向次承租人提示。

九、修　繕

租賃住宅或附屬設備損壞時，應由出租人負責修繕。但租賃雙方另有約定、習慣或其損壞係可歸責於承租人之事由者，不在此限。

前項由出租人負責修繕者，承租人得定相當期限催告修繕，如出租人未於承租人所定相當期限內修繕時，承租人得自行修繕，並請求出租人償還其費用或於第四點約定之租金中扣除。

出租人為修繕租賃住宅所為之必要行為，應於相當期間先期通知，承租人無正當理由不得拒絕。

前項出租人於修繕期間，致租賃住宅全部或一部不能居住使用者，承租人得請求出租人扣除該期間全部或一部之租金。

十、室內裝修

承租人有室內裝修之需要，應經出租人同意並依相關法令規定辦理，且不得損害原有建築結構之安全。

承租人經出租人同意裝修者，其裝修增設部分若有損壞，由承租人負責修繕。

第一項情形，承租人返還租賃住宅時，應□負責回復原狀□現況返還□其他＿＿＿＿。

十一、出租人之義務及責任

出租人應出示有權出租本租賃住宅之證明文件及國民身分證或其他足資證明身分之文件，供承租人核對。

出租人應以合於所約定居住使用之租賃住宅，交付承租人，並應於租賃期間保持其合於居住使用之狀態。

出租人與承租人簽訂本契約前，租賃住宅有由承租人負責修繕之項目及範圍者，出租人應先向承租人說明並經承租人確認（如附件三），未經約明確認者，出租人應負責修繕，並提供有修繕必要時之聯絡方式。

十二、承租人之義務及責任

承租人應於簽訂本契約時，出示國民身分證或其他足資證明身分之文件，供出租人核對。

承租人應以善良管理人之注意，保管、使用租賃住宅。

承租人違反前項義務，致租賃住宅毀損或滅失者，應負損害賠償責任。但依約定之方法或依租賃住宅之性質使用、收益，致有變更或毀損者，不在此限。

前項承租人應賠償之金額，得由第五點第一項規定之押金中抵充，如有不足，並得向承租人請求給付不足之金額。

承租人經出租人同意轉租者，與次承租人簽訂轉租契約時，應不得逾出租人同意轉租之範圍及期間，並應於簽訂轉租契約後三十日內，以書面將轉租範圍、期間、次承租人之姓名及通訊住址等相關資料通知出租人。

十三、租賃住宅部分滅失

租賃關係存續中，因不可歸責於承租人之事由，致租賃住宅之一部滅失者，承租人得按滅失之部分，請求減少租金。

十四、任意終止租約之約定

本契約於期限屆滿前，除依第十七點及第十八點規定得提前終止租約外，租賃雙方□得□不得任意終止租約。

依前項約定得終止租約者，租賃之一方應至少於終止前一個月通知他方。一方未為先期通知而逕行終止租約者，應賠償他方最高不得超過一個月租金額之違約金。

前項承租人應賠償之違約金，得由第五點第一項規定之押金中抵充，如有不足，並得向承租人請求給付不足之金額。

租期屆滿前，依第一項終止租約者，出租人已預收之租金應返還予承租人。

十五、租賃住宅之返還

租賃關係消滅時，出租人應即結算租金及第六點約定之相關費用，並會同承租人共同完成屋況及附屬設備之點交手續，承租人應將租賃住宅返還出租人並遷出戶籍或其他登記。

前項租賃之一方未會同點交，經他方定相當期限催告仍不會同者，視為完成點交。

承租人未依第一項規定返還租賃住宅時，出租人應即明示不以不定期限繼續契約，並得向承租人請求未返還租賃住宅期間之相當月租金額，及相當月租金額計算之違約金（未足一個月者，以日租金折算）至返還為止。

前項金額與承租人未繳清之租金及第六點約定之相關費用，出租人得由第五點第一項規定之押金中抵充，如有不足，並得向承租人請求給付不足之金額或費用。

十六、租賃住宅所有權之讓與

出租人於租賃住宅交付後，承租人占有中，縱將其所有權讓與第三人，本契約對於受讓人仍繼續存在。

前項情形，出租人應移交押金及已預收之租金與受讓人，並以書面通知承租人。

本契約如未經公證，其期限逾五年者，不適用前二項之規定。

十七、出租人提前終止租約

租賃期間有下列情形之一者，出租人得提前終止租約，且承租人不得要求任何賠償：

（一）出租人為重新建築而必要收回。

（二）承租人遲付租金之總額達二個月之租金額，經出租人定相當期限催告，仍不為支付。

（三）承租人積欠管理費或其他應負擔之費用達二個月之租金

額，經出租人定相當期限催告，仍不為支付。

（四）承租人違反第八點第一項規定，擅自變更用途，經出租人阻止仍繼續為之。

（五）承租人違反第八點第二項規定，違法使用、存放有爆炸性或易燃性物品，經出租人阻止仍繼續為之。

（六）承租人違反第八點第三項規定，擅自將租賃住宅轉租或轉讓租賃權予他人。

（七）承租人毀損租賃住宅或附屬設備，經出租人定相當期限催告修繕仍不為修繕或相當之賠償。

（八）承租人違反第十點第一項規定，未經出租人同意，擅自進行室內裝修，經出租人阻止仍繼續為之。

（九）承租人違反第十點第一項規定，未依相關法令規定進行室內裝修，經出租人阻止仍繼續為之。

（十）承租人違反第十點第一項規定，進行室內裝修，損害原有建築結構之安全。

出租人依前項規定提前終止租約者，應依下列規定期限，檢附相關事證，以書面通知承租人。但依前項第五款及第十款規定終止者，得不先期通知：

（一）依前項第一款規定終止者，於終止前三個月。

（二）依前項第二款至第四款、第六款至第九款規定終止者，於終止前三十日。

十八、承租人提前終止租約

租賃期間有下列情形之一，致難以繼續居住者，承租人得提前終止租約，出租人不得要求任何賠償：

（一）租賃住宅未合於所約定居住使用，並有修繕之必要，經承租人定相當期限催告，仍不於期限內修繕。

（二）租賃住宅因不可歸責承租人之事由致一部滅失，且其存餘部分不能達租賃之目的。

（三）租賃住宅有危及承租人或其同居人之安全或健康之瑕疵；承租人於簽約時已明知該瑕疵或拋棄終止租約權利者，亦同。

（四）承租人因疾病、意外產生有長期療養之需要。

（五）因第三人就租賃住宅主張其權利，致承租人不能為約定之居住使用。

　　承租人依前項各款規定提前終止租約者，應於終止前三十日，檢附相關事證，以書面通知出租人。但前項第三款前段其情況危急者，得不先期通知。

　　承租人死亡，其繼承人得主張終止租約，其通知期限及方式，準用前項規定。

十九、遺留物之處理

　　租賃關係消滅，依第十五點完成點交或視為完成點交之手續後，承租人仍於租賃住宅有遺留物者，除租賃雙方另有約定外，經出租人定相當期限向承租人催告，屆期仍不取回時，視為拋棄其所有權。

　　出租人處理前項遺留物所生費用，得由第五點第一項規定之押金中抵充，如有不足，並得向承租人請求給付不足之費用。

二十、履行本契約之通知

　　除本契約另有約定外，租賃雙方相互間之通知，以郵寄為之者，應以本契約所記載之地址為準。

　　如因地址變更未告知他方，致通知無法到達時，以第一次郵遞之日期推定為到達日。

　　第一項之通知得經租賃雙方約定以□電子郵件信箱：　　□手機簡訊□即時通訊軟體以文字顯示方式為之。

二十一、其他約定

　　本契約租賃雙方□同意□不同意辦理公證。

　　本契約經辦理公證者，租賃雙方□不同意；□同意公證書載明下列事項應逕受強制執行：

　　　□一、承租人如於租期屆滿後不返還租賃住宅。

　　　□二、承租人未依約給付之欠繳租金、費用及出租人或租賃住宅所有權人代繳之管理費，或違約時應支付之金額。

　　　□三、出租人如於租期屆滿或本契約終止時，應返還承租人之全部或一部押金。

　　公證書載明金錢債務逕受強制執行時，如有保證人者，前項後段第＿款之效力及於保證人。

二十二、契約及其相關附件效力

　　本契約自簽約日起生效，租賃雙方各執一份契約正本。

　　本契約廣告及相關附件視為本契約之一部分。

二十三、當事人及其基本資料

　　本契約應記載當事人及其基本資料：

　　（一）承租人之姓名（名稱）、統一編號（身分證明文件編號）、戶籍地址（營業登記地址）、通訊地址、聯絡電話。

　　（二）出租人之姓名（名稱）、統一編號（身分證明文件編號）、戶籍地址（營業登記地址）、通訊地址、聯絡電話。

貳、不得記載事項

一、不得記載拋棄審閱期間。

二、不得記載廣告僅供參考。

三、不得記載承租人不得申報租賃費用支出。

四、不得記載承租人不得遷入戶籍。

五、不得記載應由出租人負擔之稅賦，若較出租前增加時，其增加部分由承租人負擔。

六、不得記載免除或限制民法上出租人故意不告知之瑕疵擔保責任。

七、不得記載承租人須繳回契約書。

八、不得記載本契約之通知，僅以電話方式為之。

九、不得記載違反強制或禁止規定。

附件一

租賃標的現況確認書

填表日期　年　月　日

項次	內容	備註說明
1	□有□無包括未登記之改建、增建、加建、違建部分： □壹樓＿＿平方公尺□＿＿樓＿＿平方公尺。 □頂樓＿＿平方公尺。 □其他處所：＿＿平方公尺。	若為違建（未依法申請增、加建之建物），出租人應確實加以說明，使承租人得以充分認知此範圍之建物隨時有被拆除之虞或其他危險。
2	建物型態：＿＿＿＿＿＿。 建物現況格局：＿＿房（間、室）＿＿廳＿＿衛□有□無隔間。	一、建物型態： (一)一般建物：單獨所有權無共有部分（包括獨棟、連棟、雙併等）。 (二)區分所有建物：公寓（五樓含以下無電梯）、透天厝、店面（店鋪）、辦公商業大

2		樓、住宅或複合型大樓（十一層含以上有電梯）、華廈（十層含以下有電梯）、套房（一房、一廳、一衛）等。 ㈢其他特殊建物：如工廠、廠辦、農舍、倉庫等型態。 二、現況格局（例如：房間、廳、衛浴數，有無隔間）。
3	汽車停車位種類及編號： 地上（下）第___層□平面式停車位□機械式停車位□其他___。 編號：第___號停車位　個，□有□無獨立權狀。 □有□無檢附分管協議及圖說。 機車停車位：地上（下）第___層，編號第___號車位___個或其位置示意圖。	
4	□有□無住宅用火災警報器。 □有□無其他消防設施，若有，項目： (1)____ (2)____ (3)____。 □有□無定期辦理消防安全檢查。	非屬應設置火警自動警報設備之住宅所有權人應依消防法第六條第五項規定設置及維護住宅用火災警報器。

5	□有□無滲漏水之情形，若有，滲漏水處：＿＿。 滲漏水處之處理： □由出租人修繕後交屋。 □由承租人修繕。 □以現況交屋。 □其他＿＿＿＿。	
6	□有□無曾經做過輻射屋檢測？ 若有，請檢附檢測證明文件。 檢測結果□有□無輻射異常，若有異常之處理： □由出租人改善後交屋。 □由承租人改善。 □以現況交屋。 □其他＿＿＿＿。	七十一年至七十三年領得使用執照之建築物，應特別留意檢測。行政院原子能委員會網站已提供「現年劑量達1毫西弗以上輻射屋查詢系統」供民眾查詢輻射屋資訊，如欲進行改善，應向行政院原子能委員會洽詢技術協助。
7	□有□無曾經做過鋼筋混凝土中水溶性氯離子含量檢測（例如海砂屋檢測事項）；若有，檢測結果：＿＿＿＿＿＿。 □有□無超過容許值含量，若有超過之處理： □由出租人修繕後交屋。 □由承租人修繕。 □以現況交屋。 □其他＿＿＿＿。	一、八十三年七月二十一日以前，CNS3090無訂定鋼筋混凝土中最大水溶性氯離子含量（依水溶法）容許值。 二、八十三年七月二十二日至八十七年六月二十四日依建築法規申報施工勘驗之建築物，參照八十三年七月二十二日修訂公布之CNS3090檢測標準，鋼筋混

			凝土中最大水溶性氯離子含量（依水溶法）容許值為 0.6 kg /m3。
7			三、八十七年六月二十五日至一百零四年一月十二日依建築法規申報施工勘驗之建築物，鋼筋混凝土中最大水溶性氯離子含量參照八十七年六月二十五日修訂公布之 CNS3090 檢測標準，容許值含量為 0.3 kg /m3。 四、一百零四年一月十三日（含）以後依建築法規申報施工勘驗之建築物，鋼筋混凝土中最大水溶性氯離子含量參照一百零四年一月十三日修訂公布之 CNS 3090 檢測標準，容許值含量為 0.15 kg /m3。 五、上開檢測資料可向建築主管機關申請，不同時期之檢測標準，互有差異，租賃雙方應自行注意。

8	本租賃住宅（專有部分）是否曾發生兇殺、自殺、一氧化碳中毒或其他非自然死亡之情事： (1)於產權持有期間□有□無曾發生上列情事。 (2)於產權持有前 　□無上列情事。 　□知道曾發生上列情事。 　□不知道曾否發生上列情事。	
9	供水及排水□是□否正常，若不正常， □由出租人修繕後交屋。 □由承租人修繕。 □以現況交屋。 □其他＿＿＿。	
10	□有□無公寓大廈規約或其他住戶應遵行事項；若有， □有□無檢附規約或其他住戶應遵行事項。	
11	□有□無管理委員會統一管理，若有 租賃住宅管理費為□月繳新臺幣＿＿元□季繳新臺幣＿＿	停車位管理費以清潔費名義收取者亦同。

11	元□年繳新臺幣 ___ 元□其他 ___。 停車位管理費為□月繳新臺幣 ___ 元□季繳新臺幣 ___ 元□年繳新臺幣 ___ 元□其他 ___。 □有□無積欠租賃住宅、停車位管理費；若有，新臺幣 ___ 元。	
12	附屬設備項目如下： □電視 ___ 臺□電視櫃 ___ 件□沙發 ___ 組□茶几 ___ 件□餐桌（椅）___ 組□鞋櫃 ___ 件□窗簾 ___ 組□燈飾 ___ 件□冰箱 ___ 臺□洗衣機 ___ 臺□書櫃 ___ 件□床組（頭）___ 件□衣櫃 ___ 組□梳妝台 ___ 件□書桌椅 ___ 組□餐桌椅 ___ 組□置物櫃 ___ 件□電話 ___ 具□保全設施 ___ 組□微波爐 ___ 臺□洗碗機 ___ 臺□冷氣 ___ 臺□排油煙機 ___ 件□流理台 ___ 件□瓦斯爐 ___ 臺□熱水器 ___ 臺□天然瓦斯□其他 ___。	

出租人：＿＿＿＿＿＿＿＿＿＿＿（簽章）

承租人：＿＿＿＿＿＿＿＿＿＿＿（簽章）

簽章日期：民國＿＿＿＿年＿＿＿＿月＿＿＿＿日

附件二

出租人同意轉租範圍、租賃期間及終止租約事由確認書

出租人＿＿＿＿將後列住宅出租予承租人＿＿＿＿，並於民國＿年＿月＿＿日簽訂住宅租賃契約書在案，茲同意承租人得於租賃期間將住宅轉租，同意轉租範圍及租賃相關事項如附明細表。但承租人應於簽訂轉租契約後三十日內，將轉租範圍、期間、次承租人之姓名及通訊住址等相關資料告知本人。

出租人：＿＿＿＿＿＿（簽章）

承租人：＿＿＿＿＿＿（簽章）

民　　國　　　　　年　　　　　　月　　　　　　日

出租人同意轉租範圍、租賃期間及終止租約事由確認書

租賃住宅標的									轉租之範圍	租賃起迄期間	有無提前終止租約之約定	備註
縣市	鄉鎮市區	街路	段	巷	弄	號	樓	室				
									□全部 □一部	民國　年　月　日起至民國　年　月　日止	□有□無（若有，請註明）	同意轉租範圍如為一部者，應檢附該部分位置示意圖
									□全部 □一部	民國　年　月　日起至民國　年　月　日止	□有□無（若有，請註明）	

附註：原住宅租賃契約於租賃期間，除有第十七點及第十八點得提前終止租約之事由外，其他得提前終止租約之事由如下：＿＿＿＿＿＿＿＿＿＿＿。（由租賃雙方自行約定）

附件三
承租人負責修繕項目及範圍確認書

　承租人＿＿＿＿向出租人＿＿＿＿承租住宅，並於民國＿＿年＿＿月＿＿日簽訂住宅租賃契約書在案，茲依本契約第＿＿點第＿＿項約定本租賃住宅由承租人負責修繕項目及範圍之確認書如附明細表。（以下僅為例示，應由租賃雙方依實際情形自行約定後確認之）

出租人：＿＿＿＿＿＿＿＿（簽章）
承租人：＿＿＿＿＿＿＿＿（簽章）

民　　國　　　　　　年　　　　　　月　　　　　　日

租賃標的現況確認書

填表日期　年　月　日

租賃住宅範圍	設備或設施項目	數量　　備註
室外		
客餐廳及臥室		

客餐廳及臥室		
廚房及衛浴設備		
其他		

附註:

1. 以上修繕項目及範圍請出租人逐項說明填載,並由承租人確認;如附屬設備或設施有不及填載時,得於其他欄填載。

2. 設備或設施未經租賃雙方約明確認由承租人負責修繕者,除其損壞係可歸責於承租人之事由外,由出租人負責修繕。

3. 修繕聯絡方式:

    □同本契約第__點出租人基本資料。

    □租賃住宅代管業:(1) 名稱:＿＿＿＿＿＿＿＿＿＿＿＿＿

    　　(2) 營業地址:＿＿＿＿＿＿＿＿＿＿＿

    　　(3) 聯絡電話:＿＿＿＿＿＿＿＿＿＿

    　　(4) 電子郵件信箱:＿＿＿＿＿＿＿＿＿＿

    □其他聯絡方式:(如有,請另行填載)＿＿＿＿＿＿＿＿＿

住宅租賃契約應約定及不得約定事項

中華民國 107 年 6 月 28 日內政部內授中辦地字第 1071303965 號令（中
華民國 107 年 6 月 27 日生效）
中華民國 109 年 8 月 14 日內政部台內地字第 1090264209 號令修正（中
華民國 109 年 9 月 1 日生效）

壹、應約定事項

一、租賃標的

　　（一）租賃住宅標示：

　　1.門牌＿＿縣（市）＿＿鄉（鎮、市、區）＿＿街（路）＿＿段＿＿巷
　　＿＿弄＿＿號＿＿樓之＿＿（基地坐落＿＿段＿＿小段＿＿地號）。無門牌
　　者，其房屋稅籍編號：＿＿或其位置略圖。

　　2.專有部分建號＿＿，權利範圍＿＿，面積共計＿＿平方公尺。

　　　(1)主建物面積：

　　　　＿＿層＿＿平方公尺，＿＿層＿＿平方公尺，＿＿層＿＿平方公尺共計＿＿
　　　　平方公尺，用途＿＿。

　　　(2)附屬建物用途＿＿，面積＿＿平方公尺。

　　3.共有部分建號＿＿，權利範圍＿＿，持分面積＿＿平方公尺。

　　4.車位：□有（汽車停車位＿＿個、機車停車位＿＿個）□無。

　　5.□有□無設定他項權利，若有，權利種類：＿＿。

　　6.□有□無查封登記。

　　（二）租賃範圍：

　　1.租賃住宅□全部□部分：第＿＿層□房間＿＿間□第＿＿室，面積
　　＿＿＿＿平方公尺（如「租賃住宅位置格局示意圖」標註之租賃範
　　圍）。

2. 車位（如無則免填）：

(1)汽車停車位種類及編號：

地上（下）第___層□平面式停車位□機械式停車位，編號第___號。

(2)機車停車位：地上（下）第___層編號第___號或其位置示意圖。

(3)使用時間：

□全日□日間□夜間□其他_____。

3. 租賃附屬設備：

□有□無附屬設備，若有，詳如附件一租賃標的現況確認書。

二、租賃期間

租賃期間自民國___年___月___日起至民國___年___月___日止。（租賃期間至少三十日以上）

三、租金約定及支付

承租人每月租金為新臺幣（下同）_____元整，每期應繳納___個月租金，並於□每月___日□每期_____前支付，不得藉任何理由拖延或拒絕；出租人於租賃期間亦不得藉任何理由要求調漲租金。

租金支付方式：□現金繳付□轉帳繳付：金融機構：_____，戶名：_____，帳號：_____。□其他：_____。

四、押金約定及返還

押金由租賃雙方約定為___個月租金，金額為_____元整（最高不得超過二個月租金之總額）。承租人應於簽訂住宅租賃契約（以下簡稱本契約）之同時給付出租人。

前項押金除有第十一點第四項、第十三點第三項、第十四點第四項及第十八點第二項得抵充之情形外，出租人應於租期屆滿或租賃契約終止，承租人返還租賃住宅時，返還押金或抵充本契約所生債務後之膡餘

押金。

五、租賃期間相關費用之約定

租賃期間，使用租賃住宅所生之相關費用，依下列約定辦理：

（一）管理費：

☐由出租人負擔。

☐由承租人負擔。

租賃住宅每月＿＿＿元整。

停車位每月＿＿＿元整。

租賃期間因不可歸責於租賃雙方之事由，致本費用增加者，承租人就增加部分之金額，以負擔百分之十為限；如本費用減少者，承租人負擔減少後之金額。

☐其他：＿＿＿。

（二）水費：

☐由出租人負擔。

☐由承租人負擔。

☐其他：＿＿＿。

（三）電費：

☐由出租人負擔。

☐由承租人負擔。

（例如：夏月每度＿＿元整；非夏月每度＿＿元整。但均不得超過台灣電力股份有限公司所定當月用電量最高級距之每度金額）。

☐其他：＿＿＿。

（四）瓦斯費：

☐由出租人負擔。

☐由承租人負擔。

☐其他：＿＿＿。

（五）網路費：

　　□由出租人負擔。

　　□由承租人負擔。

　　□其他：＿＿＿＿。

（六）其他費用及其支付方式：＿＿＿＿。

六、稅費負擔之約定

　　本契約有關稅費，依下列約定辦理：

（一）租賃住宅之房屋稅、地價稅由出租人負擔。

（二）本契約租賃雙方同意辦理公證者，其公證費＿＿＿＿元整。

　　□由出租人負擔。

　　□由承租人負擔。

　　□由租賃雙方平均負擔。

　　□其他：＿＿＿＿。

（三）其他稅費及其支付方式：＿＿＿＿。

七、使用租賃住宅之限制

　　本租賃住宅係供居住使用，承租人不得變更用途。

　　承租人同意遵守公寓大廈規約或其他住戶應遵行事項，不得違法使用、存放有爆炸性或易燃性物品。

　　承租人應經出租人同意始得將本租賃住宅之全部或一部分轉租、出借或以其他方式供他人使用，或將租賃權轉讓於他人。

　　前項出租人同意轉租者，應出具同意書（如附件二）載明同意轉租之範圍、期間及得終止本契約之事由，供承租人轉租時向次承租人提示。

八、修　　繕

　　租賃住宅或附屬設備損壞時，應由出租人負責修繕。但租賃雙方另有約定、習慣或其損壞係可歸責於承租人之事由者，不在此限。

　　前項由出租人負責修繕者，承租人得定相當期限催告修繕，如出租

人未於承租人所定相當期限內修繕時，承租人得自行修繕，並請求出租人償還其費用或於第三點約定之租金中扣除。

出租人為修繕租賃住宅所為之必要行為，應於相當期間先期通知，承租人無正當理由不得拒絕。

前項出租人於修繕期間，致租賃住宅全部或一部不能居住使用者，承租人得請求出租人扣除該期間全部或一部之租金。

九、室內裝修

承租人有室內裝修之需要，應經出租人同意並依相關法令規定辦理，且不得損害原有建築結構之安全。

承租人經出租人同意裝修者，其裝修增設部分若有損壞，由承租人負責修繕。

第一項情形，承租人返還租賃住宅時，應□負責回復原狀□現況返還□其他＿＿＿。

十、出租人之義務及責任

出租人應出示有權出租本租賃住宅之證明文件及國民身分證或其他足資證明身分之文件，供承租人核對。

出租人應以合於所約定居住使用之租賃住宅，交付承租人，並應於租賃期間保持其合於居住使用之狀態。

出租人與承租人簽訂本契約前，租賃住宅有由承租人負責修繕之項目及範圍者，出租人應先向承租人說明並經承租人確認（如附件三），未經約明確認者，出租人應負責修繕，並提供有修繕必要時之聯絡方式。

十一、承租人之義務及責任

承租人應於簽訂本契約時，出示國民身分證或其他足資證明身分之文件，供出租人核對。

承租人應以善良管理人之注意，保管、使用租賃住宅。

承租人違反前項義務，致租賃住宅毀損或滅失者，應負損害賠償責

任。但依約定之方法或依租賃住宅之性質使用、收益，致有變更或毀損者，不在此限。

前項承租人應賠償之金額，得由第四點第一項規定之押金中抵充，如有不足，並得向承租人請求給付不足之金額。

承租人經出租人同意轉租者，與次承租人簽訂轉租契約時，應不得逾出租人同意轉租之範圍及期間，並應於簽訂轉租契約後三十日內，以書面將轉租範圍、期間、次承租人之姓名及通訊住址等相關資料通知出租人。

十二、租賃住宅部分滅失

租賃關係存續中，因不可歸責於承租人之事由，致租賃住宅之一部滅失者，承租人得按滅失之部分，請求減少租金。

十三、任意終止租約之約定

本契約於期限屆滿前，除依第十六點及第十七點規定得提前終止租約外，租賃雙方□得□不得任意終止租約。

依前項約定得終止租約者，租賃之一方應至少於終止前一個月通知他方。一方未為先期通知而逕行終止租約者，應賠償他方最高不得超過一個月租金額之違約金。

前項承租人應賠償之違約金，得由第四點第一項規定之押金中抵充，如有不足，並得向承租人請求給付不足之金額。

租期屆滿前，依第一項終止租約者，出租人已預收之租金應返還予承租人。

十四、租賃住宅之返還

租賃關係消滅時，出租人應即結算租金及第五點約定之相關費用，並會同承租人共同完成屋況及附屬設備之點交手續，承租人應將租賃住宅返還出租人並遷出戶籍或其他登記。

前項租賃之一方未會同點交，經他方定相當期限催告仍不會同者，

視為完成點交。

　　承租人未依第一項規定返還租賃住宅時，出租人應即明示不以不定期限繼續契約，並得向承租人請求未返還租賃住宅期間之相當月租金額，及相當月租金額計算之違約金（未足一個月者，以日租金折算）至返還為止。

　　前項金額與承租人未繳清之租金及第五點約定之相關費用，出租人得由第四點第一項規定之押金中抵充，如有不足，並得向承租人請求給付不足之金額或費用。

十五、租賃住宅所有權之讓與

　　出租人於租賃住宅交付後，承租人占有中，縱將其所有權讓與第三人，本契約對於受讓人仍繼續存在。

　　前項情形，出租人應移交押金及已預收之租金與受讓人，並以書面通知承租人。

　　本契約如未經公證，其期限逾五年者，不適用前二項之規定。

十六、出租人提前終止租約

　　租賃期間有下列情形之一者，出租人得提前終止租約，且承租人不得要求任何賠償：

（一）出租人為重新建築而必要收回。

（二）承租人遲付租金之總額達二個月之租金額，經出租人定相當期限催告，仍不為支付。

（三）承租人積欠管理費或其他應負擔之費用達二個月之租金額，經出租人定相當期限催告，仍不為支付。

（四）承租人違反第七點第一項規定，擅自變更用途，經出租人阻止仍繼續為之。

（五）承租人違反第七點第二項規定，違法使用、存放有爆炸性或易燃性物品，經出租人阻止仍繼續為之。

（六）承租人違反第七點第三項規定，擅自將租賃住宅轉租或轉
　　　讓租賃權予他人。

（七）承租人毀損租賃住宅或附屬設備，經出租人定相當期限催
　　　告修繕仍不為修繕或相當之賠償。

（八）承租人違反第九點第一項規定，未經出租人同意，擅自進
　　　行室內裝修，經出租人阻止仍繼續為之。

（九）承租人違反第九點第一項規定，未依相關法令規定進行室
　　　內裝修，經出租人阻止仍繼續為之。

（十）承租人違反第九點第一項規定，進行室內裝修，損害原有
　　　建築結構之安全。

　　出租人依前項規定提前終止租約者，應依下列規定期限，檢附相關
事證，以書面通知承租人。但依前項第五款及第十款規定終止者，得不
先期通知：

（一）依前項第一款規定終止者，於終止前三個月。

（二）依前項第二款至第四款、第六款至第九款規定終止者，於
　　　終止前三十日。

十七、承租人提前終止租約

　　租賃期間有下列情形之一，致難以繼續居住者，承租人得提前終止
租約，出租人不得要求任何賠償：

（一）租賃住宅未合於所約定居住使用，並有修繕之必要，經承
　　　租人定相當期限催告，仍不於期限內修繕。

（二）租賃住宅因不可歸責承租人之事由致一部滅失，且其存餘
　　　部分不能達租賃之目的。

（三）租賃住宅有危及承租人或其同居人之安全或健康之瑕疵；
　　　承租人於簽約時已明知該瑕疵或拋棄終止租約權利者，亦
　　　同。

（四）承租人因疾病、意外產生有長期療養之需要。

（五）因第三人就租賃住宅主張其權利，致承租人不能為約定之
　　　居住使用。

　　承租人依前項各款規定提前終止租約者，應於終止前三十日，檢附相關事證，以書面通知出租人。但前項第三款前段其情況危急者，得不先期通知。

　　承租人死亡，其繼承人得主張終止租約，其通知期限及方式，準用前項規定。

十八、遺留物之處理

　　租賃關係消滅，依第十四點完成點交或視為完成點交之手續後，承租人仍於租賃住宅有遺留物者，除租賃雙方另有約定外，經出租人定相當期限向承租人催告，屆期仍不取回時，視為拋棄其所有權。

　　出租人處理前項遺留物所生費用，得由第四點第一項規定之押金中抵充，如有不足，並得向承租人請求給付不足之費用。

十九、履行本契約之通知

　　除本契約另有約定外，租賃雙方相互間之通知，以郵寄為之者，應以本契約所記載之地址為準。

　　如因地址變更未告知他方，致通知無法到達時，以第一次郵遞之日期推定為到達日。

　　第一項之通知得經租賃雙方約定以□電子郵件信箱：＿＿□手機簡訊□即時通訊軟體以文字顯示方式為之。

二十、其他約定

　　本契約租賃雙方□同意□不同意辦理公證。

　　本契約經辦理公證者，租賃雙方□不同意；□同意公證書載明下列事項應逕受強制執行：

　　□一、承租人如於租期屆滿後不返還租賃住宅。

　　□二、承租人未依約給付之欠繳租金、費用及出租人或租賃住宅所
　　　　有權人代繳之管理費，或違約時應支付之金額。

　　□三、出租人如於租期屆滿或本契約終止時，應返還承租人之全部
　　　　或一部押金。

　　公證書載明金錢債務逕受強制執行時，如有保證人者，前項後段第
款之效力及於保證人。

二十一、契約及其相關附件效力

　　本契約自簽約日起生效，租賃雙方各執一份契約正本。

　　本契約廣告及相關附件視為本契約之一部分。

二十二、當事人及其基本資料

　　本契約應記載當事人及其基本資料：

　　（一）承租人之姓名（名稱）、統一編號（身分證明文件編號）、
　　　　　戶籍地址（營業登記地址）、通訊地址、聯絡電話。

　　（二）出租人之姓名（名稱）、統一編號（身分證明文件編號）、
　　　　　戶籍地址（營業登記地址）、通訊地址、聯絡電話。

貳、不得約定事項

一、不得約定廣告僅供參考。

二、不得約定承租人不得申報租賃費用支出。

三、不得約定承租人不得遷入戶籍。

四、不得約定應由出租人負擔之稅賦，若較出租前增加時，其增
　　加部分由承租人負擔。

五、不得約定免除或限制民法上出租人故意不告知之瑕疵擔保責任。

六、不得約定承租人須繳回契約書。

七、不得約定本契約之通知，僅以電話方式為之。

八、不得約定違反強制或禁止規定。

附件一

租賃標的現況確認書

填表日期　年　月　日

項次	內容	備註說明
1	□有□無包括未登記之改建、增建、加建、違建部分： □壹樓＿＿平方公尺□＿＿樓＿＿平方公尺。 □頂樓＿＿平方公尺。 □其他處所：＿＿平方公尺。	若為違建（未依法申請增、加建之建物），出租人應確實加以說明，使承租人得以充分認知此範圍之建物隨時有被拆除之虞或其他危險。
2	建物型態：＿＿＿＿＿＿＿。 建物現況格局：＿＿房（間、室）＿＿廳＿＿衛□有□無隔間。	一、建物型態： ㈠一般建物：單獨所有權無共有部分（包括獨棟、連棟、雙併等）。 ㈡區分所有建物：公寓（五樓含以下無電梯）、透天厝、店面（店鋪）、辦公商業大樓、住宅或複合型大樓（十一層含以上有電梯）、華廈（十層含以下有電梯）、套房（一房、一廳、一衛）等。 ㈢其他特殊建物：如工廠、廠辦、農舍、倉庫等型態。 二、現況格局（例如：房間、廳、衛浴數，有無隔間）。

3	汽車停車位種類及編號： 地上（下）第＿層□平面式停車位□機械式停車位□其他＿。 編號：第＿號停車位　個， □有□無獨立權狀。 □有□無檢附分管協議及圖說。 機車停車位：地上（下）第＿層，編號第＿號車位＿個或其位置示意圖。	
4	□有□無住宅用火災警報器。 □有□無其他消防設施，若有，項目： (1)＿＿(2)＿＿(3)＿＿。 □有□無定期辦理消防安全檢查。	非屬應設置火警自動警報設備之住宅所有權人應依消防法第六條第五項規定設置及維護住宅用火災警報器。
5	□有□無滲漏水之情形，若有，滲漏水處：＿。 滲漏水處之處理： □由出租人修繕後交屋。 □由承租人修繕。 □以現況交屋。 □其他＿＿。	

6	□有□無曾經做過輻射屋檢測？ 若有，請檢附檢測證明文件。 檢測結果□有□無輻射異常，若有異常之處理： □由出租人改善後交屋。 □由承租人改善。 □以現況交屋。 □其他＿＿＿。	七十一年至七十三年領得使用執照之建築物，應特別留意檢測。行政院原子能委員會網站已提供「現年劑量達1毫西弗以上輻射屋查詢系統」供民眾查詢輻射屋資訊，如欲進行改善，應向行政院原子能委員會洽詢技術協助。
7	□有□無曾經做過鋼筋混凝土中水溶性氯離子含量檢測（例如海砂屋檢測事項）； 若有，檢測結果：＿＿＿。 □有□無超過容許值含量，若有超過之處理： □由出租人修繕後交屋。 □由承租人修繕。 □以現況交屋。 □其他＿＿＿＿。	一、八十三年七月二十一日以前，CNS3090無訂定鋼筋混凝土中最大水溶性氯離子含量（依水溶法）容許值。 二、八十三年七月二十二日至八十七年六月二十四日依建築法規申報施工勘驗之建築物，參照八十三年七月二十二日修訂公布之CNS3090檢測標準，鋼筋混凝土中最大水溶性氯離子含量（依水溶法）容許值為0.6 kg /m3。 三、八十七年六月二十五日至一百零四年一月十二日依建築法規申報施工勘驗之建

7		築物，鋼筋混凝土中最大水溶性氯離子含量參照八十七年六月二十五日修訂公布之CNS3090檢測標準，容許值含量為 0.3 kg /m3。 四、一百零四年一月十三日（含）以後依建築法規申報施工勘驗之建築物，鋼筋混凝土中最大水溶性氯離子含量參照一百零四年一月十三日修訂公布之 CNS 3090 檢測標準，容許值含量為 0.15 kg /m3。 五、上開檢測資料可向建築主管機關申請，不同時期之檢測標準，互有差異，租賃雙方應自行注意。
8	本租賃住宅（專有部分）是否曾發生兇殺、自殺、一氧化碳中毒或其他非自然死亡之情事： (1)於產權持有期間□有□無曾發生上列情事。	

8	(2)於產權持有前 　□無上列情事。 　□知道曾發生上列情事。 　□不知道曾否發生上列情 　　事。	
9	供水及排水□是□否正常， 若不正常， □由出租人修繕後交屋。 □由承租人修繕。 □以現況交屋。 □其他_____。	
10	□有□無公寓大廈規約或其 他住戶應遵行事項；若有， □有□無檢附規約或其他住 戶應遵行事項。	
11	□有□無管理委員會統一管 理，若有租賃住宅管理費為 □月繳新臺幣__元□季繳新 臺幣__元□年繳新臺幣__元	停車位管理費以清潔費名義 收取者亦同。

	□其他＿＿＿。 停車位管理費為□月繳新臺幣＿＿元□季繳新臺幣＿＿元□年繳新臺幣＿＿元□其他＿＿＿。 □有□無積欠租賃住宅、停車位管理費；若有，新臺幣＿＿＿元。	
12	附屬設備項目如下： □電視＿＿臺□電視櫃＿＿件□沙發＿＿組□茶几＿＿件□餐桌（椅）＿＿組□鞋櫃＿＿件□窗簾＿＿組□燈飾＿＿件□冰箱＿＿臺□洗衣機＿＿臺□書櫃＿＿件□床組（頭）＿＿件□衣櫃＿＿組□梳妝台＿＿件□書桌椅＿＿組□餐桌椅＿＿組□置物櫃＿＿件□電話＿＿具□保全設施＿＿組□微波爐＿＿臺□洗碗機＿＿臺□冷氣＿＿臺□排油煙機＿＿件□流理台＿＿件□瓦斯爐＿＿臺□熱水器＿＿臺□天然瓦斯□其他＿＿＿。	

```
┌─────────────────────────────────────────────────┐
│ 出租人：_____（簽章）                  │
│                                                   │
│ 承租人：_____（簽章）                  │
│                                                   │
│ 簽章日期：民國_____年_____月_____日            │
└─────────────────────────────────────────────────┘
```

附件二

出租人同意轉租範圍、租賃期間及終止租約事由確認書

　　出租人_____將後列住宅出租予承租人_____，並於民國__年__月__日簽訂住宅租賃契約書在案，茲同意承租人得於租賃期間將住宅轉租，同意轉租範圍及租賃相關事項如附明細表。但承租人應於簽訂轉租契約後三十日內，將轉租範圍、期間、次承租人之姓名及通訊住址等相關資料告知本人。

出租人：_____（簽章）

承租人：_____（簽章）

民　　國　　　　　年　　　　　月　　　　　　日

出租人同意轉租範圍、租賃期間及終止租約事由確認書

租賃住宅標的									轉租之範圍	租賃起迄期間	有無提前終止租約之約定	備註
縣市	鄉鎮市區	街路	段	巷	弄	號	樓	室				
									□全部 □一部	民國 年　月 　日起 至民國 年 月　日 止	□有□無（若有，請註明）	同意轉租範圍如為一部者，應檢附該部分位置示意圖
									□全部 □一部	民國 年　月 　日起 至民國 年 月　日 止	□有□無（若有，請註明）	

附註：原住宅租賃契約於租賃期間，除有第十六點及第十七點得提前終止租約之事由外，其他得提前終止租約之事由如下：

附件三

承租人負責修繕項目及範圍確認書

承租人_____向出租人_____承租住宅，並於民國__年__月__日簽訂住宅租賃契約書在案，茲依本契約第__點第__項約定本租賃住宅由承租人負責修繕項目及範圍之確認書如附明細表。（以下僅為例示，應由租賃雙方依實際情形自行約定後確認之）

出租人：_____（簽章）

承租人：_____（簽章）

民　　　國　　　　　　年　　　　　　月　　　　　　日

承租人負責修繕項目及範圍明細表

填表日期　年　月　日

租賃住宅範圍	設備或設施項目	數量	備註
室外			
客餐廳及臥室			

客餐廳及臥室		
廚房及衛浴設備		
其他		

附註：

以上修繕項目及範圍請出租人逐項說明填載，並由承租人確認；如附屬設備或設施有不及填載時，得於其他欄填載。

2. 設備或設施未經租賃雙方約明確認由承租人負責修繕者，除其損壞係可歸責於承租人之事由外，由出租人負責修繕。

3. 修繕聯絡方式：

　　□同本契約第＿＿＿點出租人基本資料。

　　□租賃住宅代管業：(1) 名稱：＿＿＿＿＿＿＿＿＿＿＿＿＿＿＿＿

　　　　　　　　　　　(2) 營業地址：＿＿＿＿＿＿＿＿＿＿＿＿＿＿

　　　　　　　　　　　(3) 聯絡電話：＿＿＿＿＿＿＿＿＿＿＿＿＿＿

　　　　　　　　　　　(4) 電子郵件信箱：＿＿＿＿＿＿＿＿＿＿＿＿

　　□其他聯絡方式：（如有，請另行填載）＿＿＿＿＿＿＿＿＿＿＿

住宅轉租定型化契約應記載及不得記載事項

中華民國 108 年 2 月 23 日內政部內授中辦地字第 1080260690 號公告（108 年 6 月 1 日生效）（行政院 108 年 1 月 22 日院臺消保字第 1080161339 號函核定）

壹、應記載事項

一、契約審閱期

　　住宅轉租契約（以下簡稱本契約）於民國＿＿年＿＿月＿＿日經承租人攜回審閱＿＿日（契約審閱期間至少三日）。

　　包租業簽章：

　　承租人簽章：

二、租賃標的

　　（一）租賃住宅標示：

　　　　1、門牌＿＿縣（市）＿＿鄉（鎮、市、區）＿＿街（路）＿＿段＿＿巷＿＿弄＿＿號＿＿樓之　（基地坐落＿＿段＿＿小段＿＿地號）。無門牌者，其房屋稅籍編號：＿＿＿＿＿或其位置略圖。

　　　　2、專有部分建號＿＿，權利範圍＿＿，面積共計＿＿平方公尺。

　　　　　(1) 主建物面積：

　　　　　＿＿層＿＿平方公尺，＿＿層＿＿平方公尺，＿＿層＿＿平方公尺共計＿＿平方公尺，用途＿＿。

　　　　　(2) 附屬建物用途＿＿，面積＿＿平方公尺。

　　　　3、共有部分建號＿＿，權利範圍＿＿，持分面積＿＿平方公尺。

　　　　4、車位：□有（汽車停車位＿＿個、機車停車位＿＿個）□無。

　　　　5、□有□無設定他項權利，若有，權利種類：＿＿＿＿＿。

　　　　6、□有□無查封登記。

（二）租賃範圍：

1、租賃住宅□全部□部分：第＿層□房間＿間□第＿室，面積＿＿＿＿平方公尺（如「租賃住宅位置格局示意圖」標註之租賃範圍）。

2、車位（如無則免填）：

(1) 汽車停車位種類及編號：

地上（下）第＿層□平面式停車位□機械式停車位，編號第＿號。

(2) 機車停車位：地上（下）第＿層編號第＿號或其位置示意圖。

(3) 使用時間：

□全日□日間□夜間□其他＿＿＿＿。

3、租賃附屬設備：

□有□無附屬設備，若有，除另有附屬設備清單外，詳如後附租賃標的現況確認書（如附件一）。

4、其他：＿＿＿＿。

三、租賃期間

租賃期間自民國＿年＿月＿日起至民國＿年＿月＿日止。 租賃期間不得少於三十日，並不得逾包租契約之租賃期間。

四、租金約定及支付

承租人每月租金為新臺幣（下同）＿元整，每期應繳納 個月租金，並於每□月□期＿日前支付，不得藉任何理由拖延或拒絕；包租業於租賃期間亦不得藉任何理由要求調漲租金。

租金支付方式：□現金繳付□轉帳繳付：金融機構：＿＿＿＿，戶名：＿＿＿＿，帳號：＿＿＿＿。□其他：＿＿＿＿。

五、押金約定及返還

押金由租賃雙方約定為＿＿個月租金，金額為＿＿元整（最高不得超過二個月租金之總額）。承租人應於簽訂本契約之同時給付包租業。

前項押金，除有第十四點第三項、第十五點第四項及第二十點第二項得抵充之情形外，包租業應於租期屆滿或租賃契約終止，承租人返還租賃住宅時，返還押金或抵充本契約所生債務後之賸餘押金。

六、租賃期間相關費用之支付

租賃期間，使用租賃住宅所生之相關費用：

（一）管理費：

　　□由包租業負擔。

　　□由承租人負擔。

　　　　租賃住宅每月＿＿＿＿元整。

　　　　停車位每月＿＿＿＿元整。

　　　　租賃期間因不可歸責於雙方當事人之事由，致本費用增加者，承租人就增加部分之金額，以負擔百分之十為限；如本費用減少者，承租人負擔減少後之金額。

　　□其他：＿＿＿＿。

（二）水費：

　　□由包租業負擔。

　　□由承租人負擔。

　　□其他：＿＿＿＿。

（三）電費：

　　□由包租業負擔。

　　□由承租人負擔（但不得超過台灣電力股份有限公司所定夏季用電量最高級距之每度金額）。

　　□其他：＿＿＿＿。

（四）瓦斯費：

　　□由包租業負擔。

　　□由承租人負擔。

　　□其他：＿＿＿＿。

（五）網路費：

　　□由包租業負擔。

　　□由承租人負擔。

　　□其他：＿＿＿＿。

（六）其他費用及其支付方式：＿＿＿＿。

七、稅費負擔之約定

本契約有關稅費，依下列約定辦理：

（一）包租業收取現金者，其銀錢收據應貼用之印花稅票，由包租業負擔。

（二）依營業稅法規定應開立發票報繳之營業稅，由包租業負擔。

（三）其他稅費及其支付方式：＿＿＿＿。

本契約租賃雙方同意辦理公證者，其有關費用依下列約定辦理：

（一）公證費＿＿＿＿元整。

　　□由包租業負擔。

　　□由承租人負擔。

　　□由租賃雙方平均負擔。

　　□其他：＿＿＿＿。

（二）公證代辦費＿＿＿＿元整。

　　□由包租業負擔。

　　□由承租人負擔。

　　□由租賃雙方平均負擔。

　　□其他：＿＿＿＿。

八、使用租賃住宅之限制

本租賃住宅係供居住使用，承租人不得變更用途。

承租人同意遵守公寓大廈規約或其他住戶應遵行事項，不得違法使用、存放有爆炸性或易燃性物品，影響公共安全、公共衛生或居住安寧。

承租人不得將本租賃住宅之全部或一部分轉租，或將租賃權轉讓於他人。

九、修　繕

租賃住宅或附屬設備損壞時，應由包租業負責修繕。但其損壞係可歸責於承租人之事由者，不在此限。

前項由包租業負責修繕者，承租人得定相當期限催告修繕，如包租業未於承租人所定相當期限內修繕時，承租人得自行修繕，並請求包租業償還其費用或於第四點約定之租金中扣除。

包租業為修繕租賃住宅所為之必要行為，應於相當期間先期通知，承租人無正當理由不得拒絕。

前項包租業於修繕期間，致租賃住宅全部或一部不能居住使用者，承租人得請求包租業扣除該期間全部或一部之租金。

十、室內裝修

承租人有室內裝修之需要，應經包租業同意並依相關法令規定辦理，且不得損害原有建築結構之安全。

承租人經包租業同意裝修者，其裝修增設部分若有損壞，由承租人負責修繕。

第一項情形，承租人返還租賃住宅時，□應負責回復原狀□現況返還□其他＿＿＿＿。

十一、包租業之義務及責任

本契約租賃期間，包租業之義務及責任如下：

（一）應出示租賃住宅服務業登記證影本，供承租人核對。

（二）應向承租人提供包租契約之出租人（以下簡稱原出租人）同意轉租之書面文件，並載明其與原出租人之租賃標的範圍、租賃期間及得終止住宅包租契約之事由。

（三）應以合於所約定居住使用之租賃住宅，交付承租人，並於租賃期間保持其合於居住使用之狀態。

（四）簽訂本契約，應先向承租人說明租賃住宅由包租業負責修繕項目及範圍，並提供有修繕必要時之聯絡方式。

（五）應製作租賃標的現況確認書（如附件一），並於簽訂本契約時，以該確認書及本契約向承租人解說。

（六）應於收受承租人之有關費用或文件時，開立統一發票或掣給收據。

（七）應執行日常修繕維護並製作紀錄，提供承租人查詢或取閱。

（八）原出租人有修繕之必要行為時，包租業應於相當期間先期通知承租人配合辦理。

（九）應配合承租人設立戶籍需要，協助向原出租人取得可供設籍之相關證明。

前項第二款、第四款之同意轉租及負責修繕項目、範圍，如附件二「出租人同意轉租範圍、租賃期間及終止租約事由確認書」及附件三「包租業負責修繕項目及範圍確認書」。

十二、承租人之義務及責任

承租人應於簽訂本契約時，出示國民身分證或其他足資證明身分之文件，供包租業核對。

承租人應以善良管理人之注意，保管、使用租賃住宅。

承租人違反前項義務，致租賃住宅毀損或滅失者，應負損害賠償

責任。但依約定之方法或依租賃住宅之性質使用，致有變更或毀損者，不在此限。

十三、租賃住宅部分滅失

租賃關係存續中，因不可歸責於承租人之事由，致租賃住宅之一部滅失者，承租人得按滅失之部分，請求減少租金。

十四、提前終止租約之約定

本契約於期限屆滿前，除第十七點及第十八點規定外，租賃雙方□得□不得終止租約。

依約定得終止租約者，租賃之一方應至少於終止前一個月通知他方。一方未為先期通知而逕行終止租約者，應賠償他方最高不得超過一個月租金額之違約金。

前項承租人應賠償之違約金得由第五點第一項規定之押金中抵充。

租期屆滿前，依第二項規定終止租約者，包租業已預收之租金應返還予承租人。

十五、租賃住宅之返還

租期屆滿或租賃契約終止時，包租業應即結算承租人第六點約定之相關費用，並會同承租人共同完成屋況及附屬設備之點交手續，承租人應將租賃住宅返還包租業並遷出戶籍或其他登記。

前項租賃之一方未會同點交，經他方定相當期限催告仍不會同者，視為完成點交。

承租人未依第一項規定返還租賃住宅時，包租業應明示不以不定期限繼續契約，並得向承租人請求未返還租賃住宅期間之相當月租金額，及相當月租金額計算之違約金（未足一個月者，以日租金折算）至返還為止。

前項金額及承租人未繳清第六點約定之相關費用，包租業得由第五點第一項規定之押金中抵充。

十六、租賃住宅所有權之讓與

本契約租賃期間，租賃住宅所有權人縱將其所有權讓與第三人，包租契約對於受讓人仍繼續存在，本契約不因此而受影響。

前項情形，包租業應於接獲原出租人通知後，以書面通知承租人。

十七、包租業提前終止租約

租賃期間有下列情形之一者，包租業得提前終止租約，承租人不得要求任何賠償：

（一）原出租人為重新建築而必要收回。

（二）承租人遲付租金之總額達二個月之金額，經包租業定相當期限催告，仍不為支付。

（三）承租人積欠管理費或其他應負擔之費用達二個月之租金額，經包租業定相當期限催告，仍不為支付。

（四）承租人違反第八點第一項規定，擅自變更用途，經包租業阻止仍繼續為之。

（五）承租人違反第八點第二項規定，違法使用、存放有爆炸性或易燃性物品，經包租業阻止仍繼續為之。

（六）承租人違反第八點第三項規定，擅自將租賃住宅轉租或轉讓租賃權予他人，經包租業阻止仍未終止轉租或轉讓契約。

（七）承租人毀損租賃住宅或附屬設備，經包租業定相當期限催告修繕仍不為修繕或相當之賠償。

（八）承租人違反第十點第一項規定，未經包租業同意，擅自進行室內裝修，經包租業阻止仍繼續為之。

（九）承租人違反第十點第一項規定，未依相關法令規定進行室內裝修，經包租業阻止仍繼續為之。

（十）承租人違反第十點第一項規定，進行室內裝修，損害原

　　有建築結構之安全。

　　包租業依前項規定提前終止租約者，應依下列規定期限，檢附相關事證，以書面通知承租人：

（一）依前項第一款規定終止者，於終止前三個月。

（二）依前項第二款至第十款規定終止者，於終止前三十日。但前項第五款及第十款有公共安全之危害情形者，得不先期通知。

十八、承租人提前終止租約

　　租賃期間有下列情形之一，致難以繼續居住者，承租人得提前終止租約，包租業不得要求任何賠償：

（一）租賃住宅未合於居住使用，並有修繕之必要，經承租人依第九點第二項規定催告，仍不於期限內修繕。

（二）租賃住宅因不可歸責於承租人之事由致一部滅失，且其存餘部分不能達租賃之目的。

（三）租賃住宅有危及承租人或其同居人之安全或健康之瑕疵；承租人於簽約時已明知該瑕疵或拋棄終止租約權利者，亦同。

（四）承租人因疾病、意外產生有長期療養之需要。

（五）因第三人就租賃住宅主張其權利，致承租人不能為約定之居住使用。

（六）包租業經主管機關撤銷、廢止其許可或登記。

　　承租人依前項各款規定提前終止租約者，應於終止前三十日，檢附相關事證，以書面通知包租業。但前項第三款前段其情況危急或有第六款之情形者，得不先期通知。

　　承租人死亡，其繼承人得主張終止租約，其通知期限及方式，準用前項規定。

十九、提前終止包租契約之處理

　　包租業應於知悉原出租人提前終止包租契約之次日起五日內通知承租人終止本契約，協調返還租賃住宅、執行屋況及附屬設備點交事務、退還預收租金及全部或一部押金，並協助承租人優先承租其他租賃住宅。

　　前項原出租人提前終止包租契約之情形，於包租業因故停業、解散或他遷不明時，得由原出租人通知承租人，承租人並得請求所在地租賃住宅服務商業同業公會或其全國聯合會協調續租事宜，該同業公會或其全國聯合會不得拒絕。

　　前二項原出租人提前終止包租契約之情形，因可歸責於包租業之事由，致承租人受損害時，包租業應負賠償責任。

二十、遺留物之處理

　　本契約租期屆滿或提前終止租約，依第十五點完成點交或視為完成點交之手續後，承租人仍於租賃住宅有遺留物者，除租賃雙方另有約定外，經包租業定相當期限向承租人催告，逾期仍不取回時，視為拋棄其所有權。

　　包租業處理前項遺留物所生費用，得由第五點第一項規定之押金中抵充，如有不足，並得向承租人請求給付不足之費用。

二十一、履行本契約之通知

　　除本契約另有約定外，租賃雙方相互間之通知，以郵寄為之者，應以本契約所記載之地址為準；如因地址變更未告知他方，致通知無法到達時，以第一次郵遞之日期推定為到達日。

　　前項之通知得經租賃雙方約定以□電子郵件信箱：　□手機簡訊□即時通訊軟體以文字顯示方式為之。

二十二、其他約定

　　本契約租賃雙方□同意□不同意辦理公證。

　　　本契約經辦理公證者，租賃雙方□不同意；□同意公證書載明下
列事項應逕受強制執行：

　　□（一）承租人如於租期屆滿後不返還租賃住宅。

　　□（二）承租人未依約給付之欠繳租金、費用及包租業或租賃住宅
　　　　　　所有權人代繳之管理費，或違約時應支付之金額。

　　□（三）包租業如於租期屆滿或本契約終止時，應返還承租人之全
　　　　　　部或一部押金。

　　　公證書載明金錢債務逕受強制執行時，如有保證人者，前項
　　　第　款之效力及於保證人。

二十三、契約及其相關附件效力

　　　本契約自簽約日起生效，雙方各執一份契約正本。

　　　包租業之廣告及相關附件視為本契約之一部分。

二十四、當事人及相關人員基本資料

　　　本契約應記載當事人、租賃住宅管理人員及其基本資料如下：

　　（一）承租人之姓名、戶籍地址、通訊地址、聯絡電話。

　　（二）包租業之公司名稱、代表人姓名、統一編號、登記證字號、
　　　　　營業地址、聯絡電話、電子郵件信箱。

　　（三）租賃住宅管理人員之姓名、證書字號、通訊地址、聯絡
　　　　　電話、電子郵件信箱。

貳、不得記載事項

一、不得約定拋棄審閱期間。

二、不得約定廣告僅供參考。

三、不得約定承租人不得申報租賃費用支出。

四、不得約定承租人不得遷入戶籍。

五、不得約定應由包租業或租賃住宅所有權人負擔之稅賦，若較出租前增加時，其增加部分由承租人負擔。

六、不得約定免除或限制民法上包租業故意不告知之瑕疵擔保責任。

七、不得約定承租人須繳回契約書。

八、不得約定本契約之通知僅以電話方式為之。

九、不得約定違反強制或禁止規定。

附件一

租賃標的現況確認書

填表日期　年　月　日

項次	內　容	備註說明
1	□有□無包括未登記之改建、增建、加建、違建部分： □壹樓＿＿平方公尺□＿＿樓＿＿平方公尺。 □頂樓＿＿平方公尺。 □其他處所：＿＿平方公尺。	若為違建（未依法申請增、加建之建物），包租業應確實加以說明，使承租人得以充分認知此範圍之建物隨時有被拆除之虞或其他危險。
2	建物型態：＿＿＿＿＿＿。 建物現況格局：＿＿房（間、室）＿＿廳＿＿衛□有□無隔間。	一、建物型態： (一)一般建物：單獨所有權無共有部分（包括獨棟、連棟、雙併等）。 (二)區分所有建物：公寓（五樓含以下無電梯）、透天

		厝、店面（店鋪）、辦公商業大樓、住宅或複合型大樓（十一層含以上有電梯）、華廈（十層含以下有電梯）、套房（一房、一廳、一衛）等。 ㈢其他特殊建物：如工廠、廠辦、農舍、倉庫等型態。 二、現況格局（例如：房間、廳、衛浴數，有無隔間）。
3	汽車停車位種類及編號： 地上（下）第＿＿層□平面式停車位□機械式停車位□其他＿＿。 編號：第＿＿號車位＿＿個，□有□無獨立權狀。 □有□無檢附分管協議及圖說。 機車停車位：地上（下）第＿＿層，編號第＿＿號車位＿＿個或其位置示意圖。	
4	□有□無住宅用火災警報器。 □有□無其他消防設施，若	非屬應設置火警自動警報設備之住宅所有權人應依消防法第六條第五項規定設置及

	有，項目： (1)____ (2)____ (3)____。 □有□無定期辦理消防安全檢查。	維護住宅用火災警報器。
5	□有□無滲漏水之情形，滲漏水處：___。 若有滲漏水處之處理： □由包租業修繕後交屋。 □以現況交屋： □其他_____。	
6	□有□無曾經做過輻射屋檢測？ 若有，請檢附檢測證明文件。 檢測結果是否有輻射異常？ □是□否；若有： □由包租業修繕後交屋。 □以現況交屋：□其他____。	七十一年至七十三年領得使用執照之建築物，應特別留意檢測。如欲進行改善，應向行政院原子能委員會洽詢技術協助。
7	□有□無曾經做過混凝土中水溶性氯離子含量檢測（例如海砂屋檢測事項）；若有檢測結果：_____。	一、八十四年六月三十日以前已建築完成之建築物，參照八十三年七月二十二日修訂公布之 CNS 3090 檢測標準，混凝土中最大水溶性氯離子含量（依水溶法）容許值為 0.6 kg/m³。

		二、八十四年七月一日至一百零四年一月十二日依建築法規申報施工勘驗之建築物，混凝土中最大水溶性氯離子含量參照 CNS 3090 檢測標準，容許值含量為 0.3 kg/m³。 三、一百零四年一月十三日（含）以後依建築法規申報施工勘驗之建築物，混凝土中最大水溶性氯離子含量參照 CNS 3090 檢測標準，容許值含量為 0.15 kg/m³。 四、上開檢測資料可向建築主管機關申請，不同時期之檢測值，互有差異，租賃雙方應自行注意。
8	本租賃住宅（專有部分）是否曾發生兇殺、自殺、一氧化碳中毒或其他非自然死亡之情事： (1) 包租業確認原出租人於產權持有期間□有□無曾發	

	生上列情事。 (2) 於產權持有前，包租業確認原出租人： □無上列情事。 □知道曾發生上列情事。 □不知道曾否發生上列情事。	
9	供水及排水□是□否正常。若不正常，由□包租業□承租人負責維修。	
10	□有□無公寓大廈規約或其他住戶應遵行事項；若有，□有□無檢附規約或其他住戶應遵行事項。	
11	□有□無管理委員會統一管理，若有 租賃住宅管理費為□月繳新臺幣___元□季繳新臺幣___元□年繳新臺幣___元□其他___。 停車位管理費為□月繳新臺幣___元□季繳新臺幣___元□年繳新臺幣__元□其他___。	停車位管理費以清潔費名義收取者亦同。

	□有□無積欠租賃住宅、停車位管理費；若有，新臺幣＿＿元。	
12	附屬設備項目如下： □電視＿＿臺□電視櫃＿＿件□沙發＿＿組□茶几＿＿件□餐桌（椅）＿＿組□鞋櫃＿＿件□窗簾＿＿組□燈飾＿＿件□冰箱＿＿臺□洗衣機＿＿臺□書櫃＿＿件□床組（頭）＿＿件□衣櫃＿＿組□梳妝台＿＿件□書桌椅＿＿組□餐桌椅＿＿組□置物櫃＿＿件□電話＿＿具□保全設施＿＿組□微波爐＿＿臺□洗碗機＿＿臺□冷氣＿＿臺□排油煙機＿＿件□流理台＿＿件□瓦斯爐＿＿臺□熱水器＿＿臺□天然瓦斯□其他　　。	

包租業：＿＿＿＿＿＿＿＿＿＿＿＿（簽章）

租賃住宅管理人員：＿＿＿＿＿＿＿＿＿＿（簽章）

承租人：＿＿＿＿＿＿＿＿＿＿＿＿（簽章）

簽章日期：＿＿＿＿年＿＿＿＿月＿＿＿＿日

附件二

　　　　出租人同意轉租範圍、租賃期間及終止租約事由確認書

出租人＿＿＿＿＿＿將後列住宅出租予包租業＿＿＿＿＿＿，並於民國＿年＿月
＿日簽訂住宅包租契約書在案，茲同意包租業得於租賃期間將住宅轉
租，但包租業應於簽訂轉租契約三十日內，將轉租範圍、期間及承租人
之姓名、通訊住址等相關資料告知本人。本人同意轉租範圍及租賃相關
事項如附明細表。

　　　　此致

包租業

　　　　　　　　　　　　　　　出租人　　　　（簽章）

中　　華　　民　　國　　　　年　　　　月　　　　日

出租人同意轉租範圍、租賃期間及終止租約事由明細表（請逐戶填載）

租賃住宅標的										轉租之範圍	租賃起迄期間	有無提前終止租約之約定	備註
縣市	鄉鎮市區	街路	段	巷	弄	號	樓						
										□全部 □一部	民國　年　月　日 起至民國　年　月　日止	□有 □無 （若有，請註明）	同意轉租範圍如一部者，應檢附該部位置示意圖
										□全部 □一部	民國　年　月　日 起至民國　年　月　日止	□有 □無 （若有，請註明）	

附註：本住宅包租契約於租賃期間，如有提前終止租約之約定者，其提前終止租約之事由如下：

附件三

包租業負責修繕項目及範圍確認書

包租業_____將住宅出租予承租人_____，並於民國__年__月__日簽訂住宅轉租契約書在案，茲同意依本契約第 點第 項約定出具本租賃住宅負責修繕項目及範圍之確認書如附明細表（僅為例示，應由租賃雙方依實際情形自行約定後確認之）。

　　　　此致

承租人

包租業　　　（簽章）

中　　華　　民　　國　　　　年　　　　　月　　　　　　日

包租業負責修繕項目及範圍明細表

設備或設施及數量		點交狀態		租賃期間損壞之修繕責任	備註
室外	大門	□現狀	□修繕後點交	□有　□無	
	門鎖	□現狀	□修繕後點交	□有　□無	
	門鈴	□現狀	□修繕後點交	□有　□無	
	對講機	□現狀	□修繕後點交	□有　□無	
	房門	□現狀	□修繕後點交	□有　□無	

室外	門口燈	□現狀	□修繕後點交	□有 □無	
	其他	□現狀	□修繕後點交	□有 □無	
客餐廳及臥室	落地門窗	□現狀	□修繕後點交	□有 □無	
	紗門	□現狀	□修繕後點交	□有 □無	
	玻璃窗	□現狀	□修繕後點交	□有 □無	
	天花板	□現狀	□修繕後點交	□有 □無	
	內牆壁	□現狀	□修繕後點交	□有 □無	
	室內地板	□現狀	□修繕後點交	□有 □無	
	其他	□現狀	□修繕後點交	□有 □無	
廚房及衛浴設備等	洗臉台	□現狀	□修繕後點交	□有 □無	
	流理台	□現狀	□修繕後點交	□有 □無	
	排水孔	□現狀	□修繕後點交	□有 □無	
	水龍頭	□現狀	□修繕後點交	□有 □無	
	馬桶	□現狀	□修繕後點交	□有 □無	
	浴缸	□現狀	□修繕後點交	□有 □無	
	門窗	□現狀	□修繕後點交	□有 □無	
	天花板	□現狀	□修繕後點交	□有 □無	
	地板	□現狀	□修繕後點交	□有 □無	
	牆壁	□現狀	□修繕後點交	□有 □無	
	其他	□現狀	□修繕後點交	□有 □無	

其他					

附註：

1. 以上修繕項目及範圍請逐戶填載；如附屬設備有不及填載時，得於其他欄填載。

2. 未經約定確認之設備或設施，除其損壞係可歸責於承租人之事由外，由包租業負責修繕。

3. 如為現狀點交者，建議拍照存證。

4. 如為修繕後點交，亦應載明修繕方式。

5. 修繕聯絡方式：

　　□同本契約第＿＿＿＿＿點包租業基本資料。

　　□其他聯絡方式：（如有，請另行填載）＿＿＿＿＿＿＿。

圖片來源

我的智慧，我的財產？
你不可不知道的智慧財產權
沈明欣／著　水腦／繪

　　本書配合最新法規修訂，並以實例問答方式撰寫，查找方便、容易理解，輕鬆解決生活常見的智慧財產權問題。本書另檢附商業交易中常見的各式智慧財產權契約範例，包含智慧財產權的讓與契約、授權契約及和解契約書，讓讀者有實際範例可供參考運用。更以專文討論在面臨智慧財產權官司時，原告或被告應注意之事項，如此將有利當事人於具體案例中作出最明智之抉擇。

高年級法律課──
從財產規劃到安養照護，從防止受騙到繼承事務，律師教您如何有個圓滿人生
陳佑寰／著

　　臺灣早已邁入高齡化社會，然而下半生的財產要怎麼規劃？退休權益要怎麼爭取？要如何避免和解決被詐騙的問題？還有醫療決定、遺囑等，你知道答案嗎？

　　老年人走向生命的黃昏之際，除了緬懷過往人生大事，也要妥善規劃身後大事。且容本書以簡明溫馨的筆觸梳理繁雜冰冷的法絲，提供您關於晚年生活及死後繼承等法律規劃的參考。

基本六法
三民書局編輯委員會

　　本書蒐錄常用之基礎法規共計六十餘種，在分類上依法規之主要關聯區分為八大類，除傳統熟悉之憲法、民法、商事法、民事訴訟法、刑法、刑事訴訟法、行政法規外，特別蒐錄對於法學研習日益重要之智慧財產權法規，以因應多元社會下繁瑣肇生之新類型紛爭，並於書末臚列司法院大法官會議解釋彙編，便利讀者對應參照。全書在法條篩選上僅取實用性較高之基礎法規，在分類上囊括基礎法學及新興法學之領域，除供有志研習法律者於比較分析之查詢對照外，冀望對於掌管基礎法令之實務工作者亦有助益。

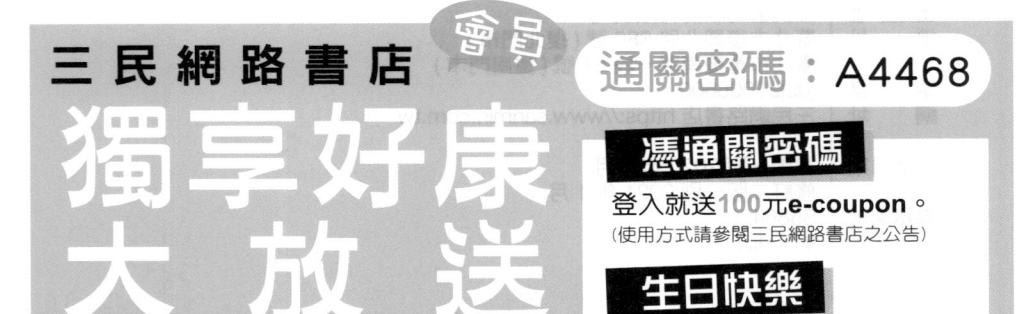

三民網路書店　會員

獨享好康大放送

書種最齊全
服務最迅速

超過百萬種繁、簡體書、原文書5折起

通關密碼：A4468

憑通關密碼
登入就送100元e-coupon。
(使用方式請參閱三民網路書店之公告)

生日快樂
生日當月送購書禮金200元。
(使用方式請參閱三民網路書店之公告)

好康多多
購書享3%～6%紅利積點。
消費滿350元超商取書免運費。
電子報通知優惠及新書訊息。

三民網路書店 www.sanmin.com.tw